THÉATRE
DE L'ENFANCE.

—

DEUXIÈME PARTIE.

PARIS, IMPRIMERIE DE DECOURCHANT,
Rue d'Erfurth, n° 1, près l'Abbaye.

Je me charge de rendre cette montre à ma sœur, afin qu'elle en fasse un meilleur usage.

THÉATRE
DE L'ENFANCE,

PAR MADAME

DE LAFAYE-BRÉHIER,

AUTEUR DES PETITS BÉARNAIS, DU ROBINSON
FRANÇAIS, etc.

J'oppose quelquefois, par une double image,
Le vice à la vertu, la sottise au bon sens.
LA FONTAINE.

Orné de gravures.

TOME PREMIER.

PARIS,

EYMERY, FRUGER ET Cie,

Libraires-Editeurs, rue Mazarine, n° 30.

—

1828

L'ÉCHANGE,

COMÉDIE EN UN ACTE.

PERSONNAGES.

M. PASCAL.
VALENTIN, }
CÉCILE,   } ses enfans.
PAULINE, nièce de M. Pascal.
STANISLAS, ami de Valentin.

La scène est à Paris, chez M. Pascal.

LE THÉATRE

DE L'ENFANCE.

L'ÉCHANGE.

SCÈNE PREMIÈRE.

CÉCILE, VALENTIN.

CÉCILE.

Mon Dieu, mon frère, qu'as-tu donc à rêver? Je ne puis t'arracher une parole, et je ne te vis jamais si maussade qu'aujourd'hui, où il me semble que tu as cependant sujet d'être content.

VALENTIN, *avec un grand soupir.*

Ah!

CÉCILE, *le contrefaisant.*

Ah! Voilà une belle réponse! Ne pourrais-tu t'expliquer plus clairement? Pour moi, je ne comprends rien au langage des soupirs, je t'en avertis.

VALENTIN.

Laisse-moi, Cécile, tu me persécutes, et cependant j'ai bien assez de mon chagrin.

CÉCILE.

Mon dessein assurément n'est point de te tourmenter; mais enfin qui peut exciter ta tristesse?

VALENTIN.

Tu me le demandes, Cécile?

CÉCILE.

Il le faut bien, puisque je ne saurais le deviner, car j'ai beau y songer, je ne te vois, au contraire, que des sujets de joie.

Aujourd'hui même, qui est le jour de ta fête, tu as reçu plusieurs présens.

VALENTIN.

Il est vrai que mon père m'a donné des livres; mais ce sont des livres d'étude, plus instructifs que divertissans.

CÉCILE.

S'il t'a traité un peu trop sérieusement pour tes goûts, notre tante de son côté...

VALENTIN, *avec ironie.*

Ah! oui, tu feras bien de me féliciter à ce sujet, et j'ai lieu d'être fort satisfait du panier de fruits dont madame Arsénie m'a fait présent.

CÉCILE.

Je crois que tu te moques, Valentin?

VALENTIN, *de même.*

Oh! vraiment, je n'ai garde.

1.

CÉCILE.

Ces fruits de carton sont peints avec beaucoup de vérité.

VALENTIN, *de même.*

Je veux les porter un jour à la campagne et les exposer dans le verger, les oiseaux eux-mêmes y seront pris.

CÉCILE.

A ce que je vois, ce sont ces fruits qui causent ta mauvaise humeur.

VALENTIN.

Il y a bien de quoi, Cécile. Tu sais avec quelle impatience j'attendais cette journée, dans l'espoir qu'elle m'attirerait quelque riche cadeau? je ne comptais pas beaucoup sur ceux de mon père, parce que je sais qu'il regarde plus à l'utile qu'à l'agréable, et qu'il m'avait déjà averti de son dessein de me monter peu à peu une bibliothèque; mais j'espérais beaucoup dans la générosité de ma tante, qui est d'ailleurs fort riche, et cependant tu vois comme elle m'a traité.

CÉCILE.

A te parler franchement, Valentin, tes plaintes ne me paraissent ni justes ni bien-séantes.

VALENTIN.

Pourquoi cela?

CÉCILE.

C'est qu'il me semble que lorsqu'il s'a-git d'un présent, on doit moins regarder à sa valeur qu'à l'intention de la personne qui le donne; et comme il paraît naturel qu'on n'en ait d'autre que de nous faire plaisir, nous devons aussi tout accepter avec une égale reconnaissance.

VALENTIN.

C'est-à-dire que tu voudrais que j'eusse

autant d'obligation à ma tante pour ses
morceaux de carton peint, que pour le
fusil garni en argent qu'elle me donna
l'année dernière?

CÉCILE.

Assurément.

VALENTIN.

Allons donc, tu te moques, je pense; je
ne suis pas si facile à contenter, et je pro-
portionne naturellement ma reconnaissance aux efforts qu'on a faits pour l'obtenir.

CÉCILE.

C'est que tu es un intéressé. Si nos parens te ressemblaient, ils ne daigneraient
point recevoir de nous une simple fleur.

VALENTIN.

Cela est différent. Nous n'avons point
une bourse aussi bien garnie que la leur.

On reçoit des cadeaux à notre âge, mais on n'en fait guère.

CÉCILE.

Non, Valentin, ce n'est point pour ces raisons que nos parens ont la bonté de nous savoir tant de gré de nos bouquets; ils ne voient dans ces fleurs qu'un tendre souvenir, un hommage filial, un gage du vif désir que nous éprouvons de leur complaire; et le moindre brin d'herbe, offert dans les mêmes vues, les flatterait autant que les fleurs les plus rares. Ce sont aussi les sentimens que nous devons éprouver lorsqu'ils nous donnent quelque chose.

SCÈNE II.

CÉCILE, VALENTIN, STANISLAS.

VALENTIN.

Ah! voici mon ami Stanislas.

STANISLAS, *lui tendant la main.*

Je te salue de tout mon cœur. Votre serviteur, mademoiselle Cécile.

CÉCILE.

Bonjour, monsieur Stanislas. Il y a long-temps, ce me semble, que vous n'êtes venu voir mon frère ; cela est fort mal de négliger ses amis.

STANISLAS.

Je vous assure, mademoiselle, que ce n'est pas ma faute. Depuis que mon père nous a changés de précepteur, je n'ai pas un moment dont je puisse disposer.

VALENTIN.

Changés de précepteur, dis-tu ? Est-ce que vous n'avez plus M. Félix ?

STANISLAS.

Mon père l'a congédié il y a plus de trois semaines.

VALENTIN.

Il me semble, cependant, que toi et tes frères vous en étiez fort satisfaits.

STANISLAS.

Ah! mon cher, c'était la perle des précepteurs! Il est vrai qu'il aimait un peu trop la dissipation, et qu'il sortait souvent la nuit à l'insu de mon père; mais aussi, pour prix de notre discrétion et de notre complaisance, il nous laissait mener la vie la plus agréable du monde. Nos leçons ne duraient que le temps que nous voulions, il faisait lui-même notre devoir et en disait des merveilles à nos parens. Nous passions quelquefois huit jours sans ouvrir un livre, ni prendre une plume.

CÉCILE, *avec ironie.*

Quel dommage d'avoir perdu un si bon précepteur!

VALENTIN, *en riant.*

Il faut convenir que si vous fussiez de-

venus habiles entre ses mains, il n'en aurait pas été la cause.

STANISLAS.

J'avoue qu'il poussait un peu loin la
facilité; mais nous ne l'en regrettons pas
moins tous les jours.

VALENTIN.

Son successeur, apparemment, ne lui
ressemble guère?

STANISLAS.

Ne m'en parle pas : c'est un homme
infatigable. Il ne nous quitte ni jour ni
nuit, nous force d'étudier sans relâche,
ne nous passe pas la moindre chose, et
veut absolument nous corriger de nos
défauts.

CÉCILE.

Je gage que celui-là n'a pas besoin de
votre discrétion, et qu'il convient à
monsieur votre père ?

STANISLAS.

Mon père en fait effectivement le plus grand cas. Il dit que ses occupations ne lui permettant pas de veiller exclusivement aux soins de notre éducation, il ne pouvait rencontrer un plus honnête homme pour le seconder.

VALENTIN.

Il a raison : l'autre précepteur lui volait son argent.

STANISLAS.

D'accord. Je rends aussi justice aux bonnes intentions du dernier; mais le moyen de ne pas regretter la douce liberté dont nous jouissions avec M. Félix? Cette liberté est cause que le travail nous paraît plus difficile qu'autrefois.

CÉCILE.

Il faut être bien aveugle pour regretter une chose si préjudiciable ! les difficultés

que vous éprouvez pour vous remettre
en haleine vous donnent la mesure de ce
qu'il vous en eût couté, si vous eussiez attendu plus long-temps. L'âge d'apprendre
se serait passé, et vous n'auriez été toute
votre vie que des ignorans.

STANISLAS.

Vous en parlez à votre aise, mademoiselle Cécile. On voit bien que vous
n'avez ni grec ni latin à étudier.

CÉCILE.

Quoique je n'étudie ni le grec ni le latin,
monsieur Stanislas, je ne laisse pas d'em-
ployer mon temps aussi bien que le vôtre.
Ne m'enseigne-t-on pas la géographie,
la danse et la musique ?

STANISLAS.

Oh! cela est bien différent! demandez
à votre frère : vos études sont des amu-
semens en comparaison des nôtres.

VALENTIN.

Assurément. Les demoiselles n'ont pas assez de tête pour expliquer Homère et Virgile.

CÉCILE.

Quelle présomption! comme s'il n'y avait pas une madame Dacier pour vous confondre.

STANISLAS.

Qu'est-ce que madame Dacier? la connais-tu, Valentin?

VALENTIN.

Bon! tu verras que c'est quelque pécore qui se mêle d'étudier le rudiment.

CÉCILE.

Il est curieux, messieurs, qu'avec tout votre savoir, je sois obligée de vous apprendre que madame Dacier a traduit les œuvres d'Homère, et que sa traduction est fort estimée des littérateurs. Lors-

qu'elle était à notre âge, elle assistait aux
leçons de son frère, dont elle profitait
mieux que lui, sans que personne y prît
garde. Un jour son père l'ayant surprise
qui soufflait doucement à ce frère la réponse qu'il devait faire, résolut de cultiver ses heureuses dispositions, et madame Dacier ne tarda point à prouver
qu'elle avait la tête plus propre aux
études que beaucoup d'écoliers qui s'en
vantent.

VALENTIN.

Je te prie, ma sœur, de ne plus assister
à mes leçons, de peur que tu ne me rendes
un jour aussi confus que le frère de cette
dame devait l'être.

STANISLAS.

Pour moi, je ne suis pas si délicat, et
je souffrirais volontiers que ma sœur me

soufflât ma leçon, si cela me dispensait
de l'apprendre.

VALENTIN.

Tu n'aurais donc pas de honte de passer pour un ignorant ?

STANISLAS.

Si fait....; mais pourquoi tant de peines
pour s'instruire ?

CÉCILE, *d'un ton moqueur:*

La science devrait pousser dans l'esprit comme les cheveux sur la tête.

VALENTIN.

J'espère toujours qu'on finira par in-
venter quelque moyen de devenir habile,
pour ainsi dire, sans qu'on s'en aper-
çoive. Ne fait-on pas tous les jours quelque nouvelle découverte ?

STANISLAS.

Cela pourra venir; mais par malheur

2.

nous ne serons plus à temps d'en profiter,
nos études seront finies.

Moi, messieurs, je vous conseille d'attendre cette heureuse invention. L'espoir
de Valentin me paraît admirable. Nous
verrons quelque jour la science entrer
dans la tête des ignorans par le moyen
de la pompe à feu, comme on est par-
venu à conduire l'eau de la rivière dans
des canaux bien plus élevés que ses bords.

Vous êtes une moqueuse, mademoiselle Cécile.

Ne méritez-vous pas que je me divertisse un peu à vos dépens? vous n'étudiez
qu'en dépit de vous-mêmes, parce qu'on
vous y oblige, et néanmoins vous faites

avec nous les glorieux, pour quelques mots de latin que vous avez retenus.

STANISLAS.

Nous avons tort, parlons d'autre chose.

CÉCILE.

Non, que je ne vous gêne pas ; aussi bien ai-je besoin d'étudier mon piano. Ma cousine Pauline viendra peut-être ce soir, nous devons exécuter ensemble un duo que je serais bien aise de repasser. (*Elle sort.*)

SCÈNE III.

VALENTIN, STANISLAS.

STANISLAS.

Ta sœur est fort aimable, Valentin, mais elle me paraît un peu sévère. J'imagine qu'elle ne l'est pas tant lorsqu'il s'agit de ce qui la regarde.

VALENTIN.

Tu imagines fort juste. Quand ses amies
viennent la voir, c'est un plaisir de les entendre parler aussi de leurs misères. L'une
se récrie sur les difficultés de la musique,
l'autre se plaint qu'on exige trop de sa
mémoire; le dessin fait perdre patience à
celle-ci, le travail de l'aiguille est insipide
à celle-là : aucune n'est contente de son
sort.

STANISLAS.

Bon !

VALENTIN.

L'une de tes sœurs soutenait l'autre jour
qu'il valait mieux être garçon que demoiselle; que nos études une fois terminées,
nous sommes libres de notre temps, au
lieu que les demoiselles passent des tra-
vaux de l'esprit à ceux de la main, qui ne
les amusent pas davantage. Je les écoutais,

sans qu'elles s'en doutassent, d'un cabinet
voisin.

STANISLAS.

N'est-ce pas une drôle de chose que ces
vœux qui se croisent ? les filles voudraient
être garçons, les garçons voudraient devenir filles, et si l'échange s'exécutait,
personne ne serait peut-être content de
son marché. Ceci me rappelle des vers
que mon petit frère apprenait l'an passé,
à la fête de maman.

> Notre condition jamais ne nous contente,
> La pire est toujours la présente.
> Nous fatiguons le ciel à force de placets ;
> Qu'à chacun Jupiter accorde sa requête,
> Nous lui romprons encor la tête.
>
> LA FONTAINE.

Mais à propos de fête, Valentin, c'est
aujourd'hui la tienne. Veux-tu bien que je
t'en fasse mon compliment ?

VALENTIN.

Je te suis obligé.

STANISLAS.

Montre-moi donc les présens que tu as reçus. Ta famille n'a pas coutume de t'oublier dans un pareil jour.

VALENTIN.

Mon père m'a donné une belle édition des lettres de Pline et de Cicéron, avec le texte latin.

STANISLAS.

Voilà un présent bien grave.

VALENTIN.

Il m'a déclaré que je n'étais plus d'âge à ne recevoir que des objets vains et frivoles, et qu'il voulait me monter insensiblement une bibliothèque capable de me servir lorsque je serai grand.

STANISLAS.

Eh ! que penses-tu de ce dessein?

VALENTIN.

Mais.....

STANISLAS.

Ne trouves-tu pas la précaution un peu prématurée ?

VALENTIN.

J'avoue que si le choix était à ma disposition..... Au reste, je ne suis pas fâché que mon père ait bonne opinion de mon esprit, cela me donne la mesure de son estime, et j'aime mieux être placé au-dessus qu'au-dessous de mon âge.

STANISLAS.

Tu ne manques pas d'amour propre ; mais le tien a beau jeu, car si ton père te traite avec trop de raison, madame Arsénie, ta tante, ne négligera pas de t'en dédommager par quelques-uns de ces jolis cadeaux qu'elle te fait tous les ans.

VALENTIN.

Laissons là ce sujet, Stanislas, il réveillerait toute ma mauvaise humeur.

STANISLAS.

Comment, madame Arsénie t'aurait-elle oublié ?

VALENTIN.

Autant vaudrait, je t'assure. Si tu es curieux, au reste, de le savoir, jette les yeux sur la cheminée.

STANISLAS.

Que vois-je! un panier de fruits! Oh! que cela est joli! quelle fraîcheur! quelle vérité!

VALENTIN.

Peux-tu admirer une pareille bagatelle? une chose qui n'est bonne à rien?

STANISLAS.

Il y a tant de choses qui ne sont bonnes à rien et qu'on admire! Voilà des prunes, des figues, des raisins, des pêches qu'on croirait pouvoir mettre sur son assiette. Cela me plaît beaucoup mieux que ton Pline, ton Cicéron et tous les auteurs du monde.

VALENTIN.

Mais ce n'est que du carton peint.

STANISLAS.

N'importe, l'illusion est parfaite, on s'y méprendrait. Puisque ce panier te déplaît si fort, combien veux-tu que je te l'achète?

VALENTIN.

Je ne veux point le vendre, mais je l'échangerais volontiers contre quelque autre chose.

STANISLAS.

Je te prends au mot. Voyons, que te donnerai-je? des livres?

VALENTIN.

Non, je ne veux point empiéter sur les

III. 3

droits de mon père. Donne-moi ton jeu
de domino.

STANISLAS.

Je le ferais de grand cœur, si mon petit frère n'en avait perdu les dés.

VALENTIN.

Ton jeu de volant me conviendrait
aussi.

STANISLAS.

Notre chien s'est amusé à ronger les
cordes des raquettes.

VALENTIN.

Si tu ne tenais pas trop à un certain
porte-feuille de maroquin vert...

STANISLAS.

De quel porte-feuille me parles-tu ?

VALENTIN.

De celui que tu as reçu pour tes étrennes.

STANISLAS.

Ma foi, je ne m'en souvenais plus. Ne

me demande pas, au mois de juillet, des
nouvelles de mes étrennes, je ne les garde
jamais si long-temps.

VALENTIN.

Il faut convenir que tu n'es guère soigneux de tes affaires. Oh bien, puisque
tu n'as rien à me donner, je garde donc
mon panier de fruits.

STANISLAS.

Eh non, demande-moi autre chose...
D'ailleurs ma sœur Lydie, qui conserve
ses jeux comme des reliques, ne refusera
pas de m'en prêter dans cette occasion.
Elle a, par exemple, quatre petites figures
en porcelaine qui représentent les quatre
saisons de l'année, qui te plairont assurément.

VALENTIN.

Ces figures valent beaucoup plus que

mon panier de fruits, je me ferais scrupule
de les prendre.

STANISLAS.

Veux-tu son nid de tourterelles? il est
aussi en carton.

VALENTIN.

Cela vaudrait bien la peine de changer!
Non, je voudrais quelque chose dont je
pusse me servir.

STANISLAS.

Que ne le disais-tu plus tôt, j'ai ton af-
faire sur moi. Regarde ce couteau, je ne
l'ai que depuis hier, il est encore tout
neuf. Le manche est en bois d'ébène avec
des yeux de nacre, et de plus on y a adapté
une lame de canif.

VALENTIN.

C'est là précisément ce qu'il me faut...
mais je crains que le marché ne soit trop
avantageux pour moi.

STANISLAS.

Tu te moques, je pense. Ce panier vaut quatre couteaux comme celui-là. Tu n'es guère connaisseur.

VALENTIN.

C'est que je ne voudrais pas te tromper.

STANISLAS.

Ni moi non plus; mais à quoi bon tant de scrupule? un objet n'a de valeur qu'autant qu'il plaît à celui qui le possède. Tiens, voilà mon couteau; je prends le panier de fruits.

SCÈNE IV.

VALENTIN, STANISLAS, CÉCILE.

CÉCILE.

Que parlez-vous de panier de fruits, monsieur Stanislas? Reprochez-vous à mon frère l'injuste mépris qu'il a pour celui-ci?

3.

STANISLAS.

Ce n'est pas cela, mademoiselle....

VALENTIN, *bas à Stanislas.*

Ne lui dis rien de notre marché, elle ne l'approuverait peut-être pas.

CÉCILE.

Du mystère! messieurs! je vais me retirer.

STANISLAS.

Non, demeurez, mademoiselle Cécile, c'est moi qui vais prendre congé de vous. Je crains même d'avoir passé l'heure qu'on m'avait accordée ; mais le temps s'écoule si vite avec ses amis!

(*Valentin l'accompagne et lui remet en cachette le panier de fruits.*)

SCÈNE V.

CÉCILE *seule.*

Il y a quelque secret entre eux, tâchons de deviner ce que ce pourrait être. Stanislas parlait du présent de ma tante, lorsque je suis entrée; il était prêt à me dire quelque chose à ce sujet, quand Valentin l'a retenu.... (*Elle regarde sur la cheminée.*) Ah! ah! le panier a disparu, M. Stanislas l'emporte peut-être. (*Elle court à la croisée.*) Ho! mon Dieu, oui, j'ai deviné juste; il tient un paquet de papier sous le bras, ce sont assurément les fruits en question. Valentin les lui aurait-il donnés?

SCÈNE VI.

VALENTIN, CÉCILE.

VALENTIN, *se frottant les mains et à part.*

Je suis très-satisfait du marché que je viens de conclure.

CÉCILE.

Il me paraît, mon frère, que ton chagrin s'est dissipé.

VALENTIN.

Qui te le fait supposer, ma sœur ?

CÉCILE.

Tu as un air de contentement qui brille sur ton visage, et qui est bien différent de la mauvaise humeur que je te reprochais il y a quelques momens. J'imagine que tu n'en veux plus à notre tante, et que tu t'es réconcilié avec son modeste présent.

VALENTIN.

Il faut bien prendre son parti. Tu m'as dit d'ailleurs à ce sujet des choses si raisonnables qu'il n'y a pas eu moyen d'y résister.

CÉCILE.

Tu penses badiner, mais je t'avertis que tu fais comme Arlequin, tu dis en riant la vérité. Tout ce que je t'ai représenté au sujet des cadeaux qu'on nous offre est de la dernière justesse. Si tu ne veux pas m'en croire, rapportons-nous-en à notre père.

VALENTIN.

C'est bien la peine d'aller lui rompre la tête de si peu de chose !

CÉCILE.

Son jugement fixera le nôtre : les petites choses mènent aux grandes.

VALENTIN.

Je te prie, Cécile, de ne point lui parler

de cela. J'aime mieux souscrire à ton opinion.

CÉCILE.

Je me tairai, puisque tu le désires ; mais aussi tu seras vrai avec moi, et tu m'apprendras franchement ce qu'est devenu ton panier de fruits.

VALENTIN.

Ce qu'il est devenu, Cécile ?

CÉCILE.

Oui, il était sur la cheminée, et je ne l'y vois plus.

VALENTIN.

Sur la cheminée ! ah ! vraiment, c'était bien là sa place ; exposé à la poussière, aux accidens ! je suis plus soigneux que Stanislas, qui ne conserve rien de ce qu'on lui donne.... A propos de Stanislas, il faut que je te fasse voir un présent qu'il m'a fait. Examine ce couteau.

CÉCILE.

Je le trouve fort joli... Mais tu ne me
dis point ce que le panier est devenu.

VALENTIN.

Ce panier te tient bien au cœur! ma
tante aurait dû te le garder pour la Sainte-
Cécile : il te convenait mieux qu'à moi.
Les demoiselles aiment ces sortes de ba-
gatelles : elles en ornent volontiers leur
chambre, et ne manquent jamais de les
faire admirer à leurs amies.

CÉCILE.

Hé bien ! donne-le-moi, mon frère ; la
privation ne t'en sera pas bien sensible.

VALENTIN.

Ta fête est encore trop éloignée.

CÉCILE.

Qu'importe ! je ne l'en recevrai pas
avec moins de plaisir.

VALENTIN.

Tu ne songes pas, Cécile, que cela ne
serait guère d'accord avec la morale que
tu m'as faite. Si l'on doit estimer les présens par la seule intention de celui qui
les donne, il faut donc aussi les conserver ; car s'en défaire en faveur d'un autre,
c'est prouver assez clairement qu'on ne
s'en soucie pas.

CÉCILE.

J'ai bien peur qu'il n'y ait dans tes paroles plus d'hypocrisie que de délica-
tesse.

SCÈNE VII.

VALENTIN, CÉCILE, M. PASCAL.

M. PASCAL.

Je viens d'apprendre tout-à-l'heure une
fort vilaine action de Valentin.

VALENTIN.

De moi, mon papa ?

M. PASCAL.

Croirais-tu, Cécile, qu'à peine il a reçu le présent de sa tante, avant même de l'en avoir remerciée, il est assez ingrat pour en avoir dédaigneusement disposé en faveur de Stanislas?

CÉCILE.

Je m'en doutais. (*A Valentin.*) N'ai-je pas bien jugé de tes scrupules à mon égard?

VALENTIN.

Mon papa, je n'en ai pas fait don, je l'ai échangé pour un couteau.

M. PASCAL.

Cela ne t'excuse pas; au contraire : car en l'abandonnant à ton ami, on aurait pu te croire conduit par la générosité, au lieu que tu n'as eu égard qu'à ton caprice.

Est-ce donc ainsi que tu reçois les témoi-
gnages de l'affection de ta famille ?

VALENTIN.

Avouez aussi que ce présent vain et
inutile ne convenait guère à un garçon de
mon âge.

M. PASCAL.

Stanislas en paraît cependant enchanté.
J'étais chez son père lorsqu'il y est arrivé; j'ai été témoin de l'admiration que ses
frères et ses sœurs ont laissé voir pour ces
fruits, qui sont, au reste, fort bien imités.

VALENTIN.

Moi, mon papa, j'aime bien mieux ce
couteau, qui a aussi une lame de canif. Je
pourrai m'en servir tous les jours, au lieu
que ces fruits de carton ne me seraient
d'aucun usage.

M. PASCAL.

Je t'applaudirais, s'il s'agissait de pla-

cer ton argent dans un objet quelconque ;
mais ici tu n'as pas eu le choix. Il s'agit
d'un présent : la main d'une parente vé-
nérable et chère devait suffire pour te le
rendre précieux. Te permettre de l'é-
changer, c'est montrer à la fois peu de
respect et de tendresse pour elle.

CÉCILE.

Si ma cousine vient ce soir, comme elle
me l'a promis, et qu'elle désire revoir le
panier de fruits, comment te tireras-tu
d'embarras ?

VALENTIN.

Je lui dirai... Oh ! mais elle ne m'en
parlera seulement pas, et j'en serai quitte
pour la remercier.

M. PASCAL.

Eh ! comment t'y prendras-tu pour remercier ta tante ? je serais assez curieux
de le savoir ?

VALENTIN.

Vous n'ignorez pas, mon père, ce qu'on a coutume de dire dans ces occasions.

M. PASCAL.

On témoigne ordinairement qu'on est sensible à cette marque de souvenir, on loue l'objet qui a été choisi, on s'engage à le conserver chèrement : toutes choses que tu ne peux exprimer sans te mentir à toi-même, puisque tu n'es pas satisfait de ta tante, que tu ne te soucies point de son cadeau, et que même tu ne le possèdes déjà plus.

CÉCILE.

Je crois, mon frère, qu'il ne te sera pas aisé d'accorder la franchise avec ton compliment.

VALENTIN.

Mon Dieu, ma sœur, ne t'en mets pas

en peine ; je m'en tirerai peut-être mieux
que tu ne penses.

CÉCILE.

C'est ce que nous verrons bientôt, car
j'entends la voix de Pauline.

SCÈNE VIII.

M. PASCAL, VALENTIN, CÉCILE, PAULINE.

PAULINE.

Je suis exacte au rendez-vous, Cécile,
je viens faire de la musique avec toi. Mon
oncle, j'ai l'honneur de vous saluer. Bonjour, Valentin.

VALENTIN.

Ma cousine......

PAULINE, *à Cécile.*

As-tu étudié le duo que je t'ai envoyé ?

4.

CÉCILE.

Je crois être en état de le jouer assez
couramment ; mais à te dire la vérité, je ne
trouve point qu'il vaille la peine que nous
prenons ; la musique en est plus bruyante
qu'harmonieuse, on n'y trouve aucun caractère, cela est confus.

M. PASCAL.

Comment donc, Cécile, tu en parles
comme une virtuose ! Ta cousine, cependant, étant plus avancée, doit s'y connaître mieux.

PAULINE.

Je vous assure, mon oncle, que Cécile
en juge fort bien. Je n'aurais pas dai-
gné jouer une seule mesure de ce duo,
s'il ne m'avait été donné par une de mes
amies, qui se fait une fête de l'entendre
exécuter ; elle ne se connaît guère en musique, et s'est décidée pour celle-là sur la

foi d'une personne qui n'a pas le moindre goût. Je suis bien aise de lui prouver que j'attache quelque prix à ce qui me vient de sa main, cela seul me dédommage du peu d'agrément de ce morceau. Quant à Cécile, c'est une complaisance dont je lui sais infiniment de gré.

M. PASCAL.

Voilà, ma chère nièce, des sentimens délicats qui font honneur à votre caractère, et qui me paraissent très-propres à vous conserver l'affection de vos amies. Je connais des personnes qui, à votre place, auraient jeté le duo dans un coin, non sans se récrier bien des fois sur l'ignorance et le peu de goût de celle qui l'a choisi.

PAULINE.

Ce serait une grande injustice, car le peu de valeur de cette musique n'ôte rien à la bonne intention de mon amie, et je ne lui en dois pas moins de reconnaissance.

CÉCILE, *en regardant Valentin.*

Tout ce que tu dis là, Pauline, mérite qu'on y fasse attention. Nous irons au piano dès que cela te conviendra.

PAULINE, *tirant un bouquet de sa ceinture.*

Un moment : je n'oublie point que c'est aujourd'hui la fête de mon petit cousin ; ma mère lui a envoyé son bouquet, moi, j'apporte le mien : voudra-t-il l'accepter, malgré la grande différence qu'il y a entre eux ?

VALENTIN, *prenant le bouquet.*

Ma cousine, je suis bien sensible..... Je compte aller au plus tôt remercier ma tante..... Les fruits ont été admirés.....

PAULINE.

Et la montre ? comment la trouvez-vous ?

VALENTIN.

De quelle montre me parlez-vous, s'il vous plaît?

PAULINE.

De celle qui est au fond de la corbeille.

VALENTIN, *troublé*.

Ne plaisantez-vous pas?

PAULINE.

Non, assurément. Vous paraissez tous étonnés! Quoi, ne vous seriez-vous pas aperçus que ce panier de fruits n'est qu'une boîte?

VALENTIN.

Mon Dieu, non.

CÉCILE.

Ni moi non plus, je t'assure.

PAULINE.

Vous avez dû trouver, en ce cas-là, le présent assez mesquin.

M. PASCAL.

Ne venez-vous pas de nous apprendre, ma nièce, qu'un présent est toujours flatteur quand il nous vient d'une main chère?

PAULINE.

Je ne doute pas, mon oncle, des sentimens de Valentin à cet égard; mais enfin j'espère que la montre ne déparera pas le panier de fruits.

VALENTIN, *hors de lui-même.*

Je ne saurais y tenir plus long-temps, il faut que je coure chez Stanislas.

CÉCILE, *à part.*

Notre intéressé est cruellement puni.

M. PASCAL.

Où vas-tu donc, Valentin?

VALENTIN.

Où je vais, mon père? ne le devinez-vous pas ? Stanislas profiterait-il..... Ah ! mon Dieu ! quelle aventure !

PAULINE, *à Cécile.*

Je ne conçois rien au trouble de ton frère, on dirait qu'il se désole au lieu de se réjouir.

M. PASCAL, *à Valentin.*

Je comprends parfaitement ta situation ; mais ce qui est fait est fait, et je ne suis pas fâché que ta punition naisse de ta faute. Je te défends de sortir.

VALENTIN.

Ah ! mon père ! vous me mettez au désespoir.

PAULINE.

Qu'est-ce donc que tout cela veut dire ? ne pourrai-je savoir de quoi il s'agit ?

VALENTIN.

Ma chère cousine, il faut bien que je vous l'avoue : je ne profiterai point des bontés de ma tante, c'est un autre, c'est Stanislas qui possède la montre.

PAULINE.

Autre énigme pour moi. Comment cela se fait-il? vous aurait-on volé le panier de fruits?

VALENTIN.

Non, mais dans l'ignorance où j'étais de la valeur de ce présent, j'ai..... je..... Stanislas en a marqué tant d'envie.... et puis il m'a fait voir un couteau qui me convenait si fort..... enfin... nous avons fait un échange.

CÉCILE.

Voilà le grand mot lâché.

PAULINE.

Mon cousin, cela est fort mal, et maman ne sera pas peu surprise du cas que vous faites de ses présens.

VALENTIN.

J'en ai tous les regrets imaginables.

PAULINE.

Oui, parce que vous savez qu'il y a une
montre dans le panier. Fi ! que cela est
vilain d'être intéressé, et de n'estimer les
choses que par leur prix, plutôt que par
le sentiment qui les accompagne. Ceci me
donne la mesure du cas que vous faites de
mon pauvre bouquet.

VALENTIN.

J'ai tort, grand tort, je le sens bien;
mais n'en suis-je pas assez puni, s'il faut
que Stanislas profite de la montre ?

PAULINE.

Ce n'est toujours pas vous qui avez le
droit de la réclamer. Ma mère la destinait
à un neveu digne de sa tendresse, et vous
ne l'êtes pas.

III.   5

VALENTIN.

Oh! qu'il me tarde de lui en demander pardon !

CÉCILE, *accourant du fond de la scène.*

Voici M. Stanîslas qui revient.

VALENTIN.

Je vais lui déclarer ce qui en est, il n'aura pas l'audace de garder la montre.

SCÈNE IX.

LES PRÉCÉDENS, STANISLAS.

STANISLAS.

Valentin, j'aurais quelque chose à te dire.

M. PASCAL.

Expliquez-vous, mon ami, il n'y a personne ici de trop.

VALENTIN.

Oui, oui, tout le monde sait à présent

la faute que j'ai commise de conserver si mal un gage de l'amitié de ma chère tante, et si tu veux ton couteau.....

STANISLAS.

Pourquoi le reprendrai-je? il est à toi, un honnête garçon n'a que sa parole.

VALENTIN.

Mais s'il y avait eu erreur de ma part, et que..... Sais-tu que le panier s'ouvre, qu'il a un fond?

STANISLAS.

Oui, nous venons de nous en apercevoir.

VALENTIN.

Et qu'avez-vous trouvé?

STANISLAS.

Une montre.

VALENTIN.

Tu vois donc bien que notre marché

ne peut tenir; car moi, je ne savais pas
ce que contenait cette corbeille.

STANISLAS.

Cela ne change rien à notre marché ;
au contraire, nous étions tous deux de
bonne foi.

VALENTIN.

Eh ! tu prétends être un honnête garçon ? voilà une probité bien commode.
Garder une montre pour un couteau ! fi
donc ! tu devrais en rougir de confusion.
N'as-tu pas vu tantôt combien je craignais
de te tromper ? Tu n'es pas si scrupuleux.

STANISLAS.

Qui t'a dit que je prétendais garder
ta montre ? suis-je donc un voleur, à ton
avis ? La voilà, monsieur, je ne suis venu
que pour vous la remettre. Quant à la
corbeille de fruits, il me semble qu'elle
m'appartient légitimement.

VALENTIN.

Ah ! mon ami ! je te demande pardon....
tout cela m'avait tellement bouleversé.....
La charmante montre !

PAULINE.

Je juge qu'elle vous consolera aisément
de la perte du reste.

CÉCILE.

Le présent entier venait cependant de
la même main.

M. PASCAL.

La montre et le panier de fruits ne de-
vaient avoir qu'une pareille destination ;
mais puisque Stanislas les sépare, il faut
bien que l'intention de ma sœur soit con-
tredite en cela. Quant à Valentin, tout
reste à son égard dans les mêmes dispositions ; en renonçant au panier, il a renoncé à ce qu'il contenait. Je me charge
de rendre cette montre à ma sœur, afin

5.

qu'elle en fasse un meilleur usage. (*Il re-prend la montre.*)

VALENTIN.

Suis-je assez malheureux !

STANISLAS.

Je te conseille, Valentin, de n'être pas si prompt une autre fois à soupçonner la probité des autres. Adieu ; console-toi de ta disgrâce : tu étais fort content de notre échange; fais voir qu'une montre de plus ou de moins n'est point capable de te faire changer de sentiment.

SCÈNE X.

M. PASCAL , PAULINE, CÉCILE, VALENTIN.

VALENTIN.

Le méchant me raille, au lieu d'avoir pitié de ma douleur.

PAULINE.

Il faut convenir aussi qu'il n'a pas lieu d'être satisfait de la manière dont vous l'avez accueilli. D'ailleurs, mon cousin, votre procédé ne permet pas qu'on vous plaigne, et quoique j'y sois plus disposée qu'un autre, il me semble que jamais punition ne fut plus juste que celle que vous subissez. Allons étudier notre duo, Cécile.

SCÈNE XI.

M. PASCAL, VALENTIN.

VALENTIN.

Mon père! ne vous laisserez-vous point toucher par mon repentir?

M. PASCAL.

Non, mon fils, car je suis en droit de penser que ce repentir n'est autre chose que le regret de n'avoir point la montre.

La vivacité même de ce regret t'empêche
de sentir combien il est vil de se laisser
conduire par l'intérêt, et toute l'ingratitude de ta conduite. (*Il sort.*)

SCÈNE XII.

VALENTIN , *seul.*

Ah ! il est bien vrai que je ne me con-
solerai jamais d'avoir perdu une si belle
occasion de posséder une montre ! Pourquoi me suis-je tant pressé ? le conseil de
ma sœur était bien bon à suivre, et je
vois qu'il y a plus de profit à faire son devoir qu'à le mépriser. Si j'avais pu maî-
triser mon dépit, seulement pendant une
heure, et mettre à cette corbeille de carton le prix que la reconnaissance exigeait,
j'aurais maintenant une belle montre. Au
lieu de cela, je perds tout en un jour,
jusqu'à l'estime de mes parens.

LE PETIT JOUEUR,

OU

LA PARTIE DE VINGT-ET-UN;

COMÉDIE EN DEUX ACTES.

PERSONNAGES.

M. SYLVÈRE.

CONSTANCE, sa fille.

LÉONORE, sa nièce.

ADRIEN, son neveu.

BARTHÉLEMI,
RAOUL, } amis d'Adrien.

ANDRÉ, portier de M. Sylvère.

ANNETTE MARTIN, fille d'André.

DENISE, autre fille d'André.

THOMAS, apprenti chez le portier.

La scène est à Paris, chez M. Sylvère.

Vous voyez, mesdemoiselles l'effet de vos sermons.

LE THÉÂTRE

DE L'ENFANCE.

LE PETIT JOUEUR,

ou

LA PARTIE DE VINGT-ET-UN.

Acte premier.

SCÈNE PREMIÈRE.

Le théâtre représente un salon voisin de la chambre
d'Adrien.

LÉONORE, CONSTANCE.

LÉONORE.

Non, ma cousine, toutes tes raisons ne
sauraient me convaincre ; je ne me cou-

cherai pas que mon frère ne soit rentré;
il faut absolument que je lui fasse honte
de sa conduite.

CONSTANCE.

Tu ne sais point à quoi tu t'engages,
cousine; il ne rentrera peut-être pas de
la nuit.

LÉONORE.

Est-il possible qu'il pousse jusque là
le désordre?

CONSTANCE.

Denise, la fille du portier, m'a assuré
que cela était arrivé plusieurs fois

LÉONORE.

Et personne n'a eu la charité d'en
avertir mon oncle! André, le portier, un
vieillard, peut favoriser ainsi le liber-
tinage d'un enfant!

CONSTANCE.

Je dois rendre justice à André, il ne

sait rien de ce qui se passe. C'est Thomas, son apprenti, qui ouvre secrètement à ton frère. Denise s'est aperçue de leur intelligence.

LÉONORE.

Qui l'a empêchée d'en instruire son père ?

CONSTANCE.

Elle a craint d'attirer à mon cousin quelque scène désagréable.

LÉONORE.

C'est une faiblesse criminelle, Constance, que tu ne devais point partager. Pour moi, je suis bien résolue, si mes remontrances sont inutiles, de confier à ton père tout ce qui se passe dans sa maison.

CONSTANCE.

Eh! quoi! Léonore, tu trouverais le courage de perdre ce pauvre Adrien dans l'esprit de son oncle? tu sais que mon

père ne pardonne pas aisément de cer-
taines choses.

LÉONORE.

Je ne te cache point que je ne me por-
terais point sans douleur à une pareille
extrémité; mais, ma cousine, serait-ce
aimer mon frère que de le laisser vivre
dans le désordre comme il fait, et nour-
rir pour le jeu une passion qui le ferait
tomber dans le mépris ?

CONSTANCE.

Il n'a que quatorze ans, la raison le
corrigera.

LÉONORE.

Une pernicieuse habitude est toujours
plus forte que la raison. Avant l'absence
que je viens de faire, Adrien montrait
déjà un goût très-vif pour le jeu, mais il
ne poussait pas les choses si loin qu'à présent, et les progrès que sa passion a faits

en si peu de temps me donnent de justes
alarmes pour l'avenir. Comme la plus âgée
de nous trois, j'ai aussi plus d'expérience,
et je te citerais sur les inconvéniens du
jeu des exemples qui te feraient frémir.

CONSTANCE.

Je n'ai pas de peine à te croire; mais
je ne puis soutenir la pensée d'exposer
Adrien à la colère de mon père. Sans le
vilain goût qu'il a pour le jeu, ce serait
un garçon parfait. Où trouver un meilleur
naturel? un esprit plus obligeant que le
sien ?

LÉONORE.

Comme toi, je rends justice aux bonnes
qualités de mon frère; mais il a au moins
bien peu de raison pour son âge de se livrer si légèrement à une inclination capable de le perdre sans retour dans le
cœur de son oncle. Ne connaît-il pas aussi

bien que moi les obligations que nous lui
avons ? Ne sait-il pas qu'il nous tient
lieu de père depuis que nous avons perdu
le nôtre; que nous sommes sans fortune, et que nous attendons tout de ses
bontés ?

CONSTANCE.

Mon père, il est vrai, vous regarde
comme ses propres enfans.

LÉONORE.

Je voudrais qu'Adrien en fût pénétré
d'une reconnaissance aussi vive que la
mienne.

CONSTANCE.

Sois certaine que ce n'est point la faute
de son cœur. Adrien respecte son oncle,
il m'aime, il te chérit, et ses défauts ne
tiennent qu'à la légèreté de son âge. Lorsqu'il m'arrive de lui faire des reproches
(car entre nous, cousine, je ne les lui

épargne pas), il m'écoute quelquefois avec
une docilité admirable, surtout lorsqu'il
n'a pas été heureux au jeu, car dans la
bonne fortune il est bien moins traitable.

LÉONORE.

Eh ! à quoi lui sert cette docilité, puisqu'il ne se corrige pas ?

CONSTANCE.

J'en conviens ; mais on en a plus d'espérance de parvenir enfin à le rendre
sage.

LÉONORE.

Où prend-il de l'argent pour jouer ?

CONSTANCE.

N'a-t-il pas la petite pension que mon
père lui fait comme à nous pour ses plaisirs ?

LÉONORE.

Crois-tu que cela lui suffise ?

6.

CONSTANCE, *en souriant.*

J'ai bien quelque motif de supposer le contraire.

LÉONORE.

Je gage qu'il t'a emprunté de l'argent ?... Tu ris, Constance ! en vérité tu devrais plutôt en avoir honte, car c'est une grande imprudence de ta part de lui aider ainsi à se pervertir.

CONSTANCE.

Le pauvre malheureux avait joué sur sa parole, il m'a supplié si instamment de venir à son secours, que je n'ai pas eu la force de le refuser.

LÉONORE.

Joué sur sa parole ! Allons, je vois qu'il est décidément libertin. Quel chagrin pour moi ! Connais-tu, ma cousine, les dignes compagnons de ses désordres ?

CONSTANCE.

Il ne s'ouvre pas volontiers sur cet article ; mais il est naturel de supposer que ce sont ses plus intimes camarades. M. Raoul, et un certain Barthélemi, qu'il ne paraît connaître que depuis ton départ seulement, viennent assez souvent le voir.

LÉONORE.

Raoul ! n'est-ce pas cet étourdi auquel ses parens ne peuvent rien faire apprendre, et qui s'échappe de tous les colléges où on le place ?

CONSTANCE.

C'est lui-même.

LÉONORE.

Voilà une compagnie fort honorable pour mon frère ! si son autre camarade ne vaut pas mieux....

CONSTANCE.

Je parierais à sa mine qu'il vaut encore

moins que Raoul : son air doucereux et hypocrite ne promet rien de bon.

LÉONORE.

Il nous faut travailler, Constance, à le détacher de ces mauvais sujets. C'est un grand malheur que la santé de mon oncle ne lui permette pas de surveiller lui-même les liaisons de son neveu.

CONSTANCE.

Hélas! sa goutte est devenue si opiniâtre qu'il peut à peine sortir de sa chambre.

LÉONORE.

N'entends-je pas quelqu'un à cette porte?

CONSTANCE, *allant ouvrir.*

C'est Denise; que nous veut-elle à cette heure?

SCÈNE II.

LÉONORE, CONSTANCE, DENISE.

DENISE, *posant sur une table le bougeoir qu'elle tient à la main.*

Je ne me suis point trompée. En voyant ici de la lumière, j'ai deviné, mesdemoiselles, que vous n'étiez point encore couchées. Vous attendez peut-être M. Adrien ?

LÉONORE.

Il est vrai, Denise ; crois-tu qu'il tarde encore long-temps ?

DENISE.

Je ne le pense pas, il est plus d'onze heures et demie.

CONSTANCE.

Eh ! comment n'es-tu pas encore couchée ? garderais-tu la porte ce soir ?

DENISE.

Oh ! depuis que M. Adrien a mis Tho-

mas notre apprenti dans ses intérêts, c'est
une peine que je ne prends pas souvent.
Thomas est fort alerte à veiller, il n'a
plus envie de dormir; mais aussi c'est
que M. Adrien a soin, comme on dit, de
graisser le marteau.

LÉONORE.

Thomas mériterait bien que je le dé-
nonçasse à ton père, et je le ferais certainement si je ne craignais de ne pouvoir
ensuite obtenir sa grâce.

DENISE.

Oh! mon père le mettrait à la porte
sans miséricorde. Il ne pardonne jamais
quand on l'a offensé, témoin sa sévérité
envers ma pauvre sœur.

CONSTANCE.

Tu n'as donc rien pu obtenir pour elle?

DENISE.

Oh mon Dieu non, je ne suis pas plus

avancée que le premier jour. Ce jour-là
il me dit (quoique je n'eusse que dix ans,
je m'en souviens très-bien): Denise, tu
vois que ta sœur sort de ma maison malgré moi, qu'elle se marie contre mon au-
torité ; garde-toi bien de suivre son exemple. Je ne doute point qu'elle ne s'en re-
pente bientôt, elle ne peut que devenir
malheureuse ; mais je ne la plaindrai point,
je ne la secourrai point. Je lui donne sa
part du bien de sa mère, elle n'aura rien
de plus. Pour toi, tu conduiras ma maison, malgré que tu sois encore bien jeune ;
mon métier de cordonnier nous fera vivre
à l'aise, mais je te défends de me parler
jamais de ta sœur.

LÉONORE.

Tu as dû trouver cette condition bien
dure, mon enfant.

DENISE.

D'autant plus dure, Mademoiselle, que
nous étions fort attachées l'une à l'autre;
et je vous avoue même que depuis quatre
ans qu'elle est mariée, j'ai été la voir quelquefois à l'insu de mon père; mais elle
est la première à me prier de ne point
m'exposer ainsi pour l'amour d'elle. Con-
tente-toi, me dit cette pauvre Annette, de
m'aimer comme tu as toujours fait, et de
glisser de temps à autre un petit mot en
ma faveur, qui fasse souvenir mon père
de sa pauvre fille.

LÉONORE.

C'est une chose terrible que de désobéir
à ses parens.

CONSTANCE.

Tu ne nous parles pas de ton beau-
frère ? est-ce qu'il ne vit plus, Denise ?

DENISE, *en baissant les yeux.*

Je n'en sais rien. Il y a deux ans qu'il est parti, sans que ma sœur en ait entendu parler depuis ce temps-là.

LÉONORE.

C'est-à-dire qu'il l'a abandonnée. Hélas! ma pauvre enfant, sa conduite est une preuve de la sagesse de ton père. André a de l'expérience, il avait bien jugé que cet homme ne rendrait pas sa fille heureuse.

CONSTANCE.

Ta sœur doit avoir de bien vifs regrets de ne l'avoir pas écouté.

DENISE.

Il y a long-temps qu'elle pleure sa faute; mais ce chagrin n'est pas le seul qu'elle éprouve.

CONSTANCE.

La misère, sans doute, ne l'épargne pas.

III.   7

Cependant c'est, dit-on, une bonne ou-
vrière. Manquerait-elle d'ouvrage?

DENISE.

Je ne sais. Une de ses voisines m'est
venue trouver secrètement pour me remettre une lettre de sa part, en me disant
qu'elle était bien languissante. Comme je
ne sais pas lire, je me suis échappée pour
venir vous prier de m'apprendre ce que
cette lettre contient. Excusez mon indis-
crétion, mesdemoiselles.

LÉONORE.

Tu as fort bien fait de t'adresser à
nous, mon enfant; c'est un service que je
veux avoir la satisfaction de te rendre.

(*Elle prend la lettre et lit tout haut.*)

« Ma voisine te dira, ma chère sœur,
» que je suis malade depuis quelques
» jours; mais que cela ne te chagrine

» point trop, ma maladie n'est pas grand'-
» chose, c'est l'inquiétude qui me la donne,
» et si tu peux m'ôter celle-ci, l'autre ne
» tardera guère à s'en aller. Quoique je
» ne t'en aie jamais importunée, ma chère
» sœur, j'ai eu beaucoup de misère à sup-
» porter depuis notre séparation. J'espé-
» rais patiemment que tu réussirais enfin
» à ramener vers moi le cœur de mon
» père, et j'ai mieux aimé vendre peu à
» peu ce que j'avais de meilleur, que de
» lui faire aucune demande intéressée, qui
» pouvait détruire ton ouvrage ; mais le
» temps s'écoule sans amener aucun chan-
» gement favorable. Je n'ai plus ni linge,
» ni habit, dont je puisse tirer quelque
» ressource, et cependant si je n'ai pas
» demain avant midi vingt francs pour
» payer le terme de mon loyer, je serai
» jetée sur la rue. Après avoir tenté beau-

» coup d'inutiles démarches, je me vois
» forcée de m'adresser à toi, ma pauvre
» Denise. Fais ton possible pour me pro-
» curer cette somme. J'ai de l'ouvrage en-
» tre les mains pour plus de vingt-cinq
» francs, mais il ne peut être achevé avant
» trois semaines, et on ne veut rien m'a-
» vancer dessus. Adieu, mon enfant, je
» t'embrasse bien tristement. Ta sœur.

» ANNETTE MARTIN. »

DENISE, *pleurant.*

Ah! que j'avais bien raison d'être en
peine de cette lettre! Dans quel embarras
je me trouve! à qui m'adresser? Mon père
me fermerait la bouche dès le premier
mot; il dirait que ma sœur est une pares-
seuse qui ne travaille point, et mille autres choses que je ne pourrais entendre
sans beaucoup de chagrin. Je ne me dé-

ciderai jamais à recourir à lui ; mais, d'un autre côté, qui aura assez de confiance dans une fille de mon âge pour lui prêter une si grosse somme?

CONSTANCE.

Pour moi, Denise, si j'avais de l'argent, je t'en prêterais sans hésiter ; mais hier j'ai eu le malheur d'épuiser ma bourse chez une marchande de modes, pour des objets dont je me serais fort bien passée. Je regrette sincèrement aujourd'hui d'avoir été si peu ménagère.

LÉONORE.

Il me reste dix francs dont je puis disposer : tu peux compter sur eux, Denise ; c'est toujours la moitié de la somme qu'il te faut.

CONSTANCE, à Léonore.

J'en ai prêté justement autant à ton

7.

frère; s'il voulait me les rendre ce soir, Denise serait hors d'embarras.

DENISE.

On frappe à la porte cochère; c'est M. Adrien.

LÉONORE.

La Providence nous l'envoie peut-être à propos. Retire-toi, Denise; demain matin de bonne heure tu n'as qu'à venir dans notre chambre, nous te dirons ce que nous pourrons faire pour Annette : nous gardons la lettre qu'elle t'a écrite.

DENISE.

La bonté que vous me faites voir, mes chères demoiselles, m'a déjà rendu un peu de courage.

SCÈNE III.

LÉONORE, CONSTANCE.

LÉONORE.

Voici peut-être une bonne occasion de

corriger doucement mon frère. Son cœur
est sensible et compatissant ; il sera tou-
ché du sort de cette femme, et ne peut
manquer de venir à son secours, s'il a de
l'argent. S'il n'en a pas, j'exciterai ses regrets de l'avoir dissipé si légèrement.

CONSTANCE.

Qu'il me rende seulement ce qu'il me
doit, je ne lui en demande pas davantage
ce soir.

SCÈNE IV.

LÉONORE, CONSTANCE, ADRIEN.

ADRIEN, *d'un air gai.*

Que faites-vous donc ici, mesdemoiselles ? je ne m'attendais pas au plaisir de
vous y rencontrer à cette heure.

LÉONORE.

Il est vrai que nous ne devrions nous
y trouver ni les uns ni les autres, mon

frère, et que, dans une maison bien réglée, chacun se retire dans sa chambre quand le chef de la famille en donne le signal ; mais j'ai voulu me convaincre par mes propres yeux du désordre de votre conduite.

ADRIEN.

C'est-à-dire que vous attendiez mon retour. En vérité, ma sœur et ma cousine, je suis confus d'une si aimable prévenance ; elle mériterait de ma part les plus gracieux remercîmens.

CONSTANCE, *à part.*

Il raille, il a été heureux au jeu ; je rattraperai peut-être mes dix francs.

LÉONORE.

Tu as bien mauvaise grâce, mon frère, à plaisanter d'une chose si sérieuse et qui m'afflige sensiblement.

ADRIEN.

Est-ce ma faute si tu t'affliges mal à

propos pour une bagatelle ? suis-je le seul
qui s'oublie avec ses amis, et ne dirait-
on pas à t'entendre que tout est perdu
parce que je me couche aujourd'hui plus
tard qu'à l'ordinaire ?

LÉONORE.

Aujourd'hui! Adrien ! tu cherches inutilement à me tromper. Je sais que tu en
fais une habitude, et que tu profites de
la maladie de notre oncle pour mener,
à son insu , une vie tout-à-fait déréglée.

ADRIEN.

Fort bien, Constance ; je vois que vous
n'avez pu vous taire.

CONSTANCE.

Moi, mon cousin !

LÉONORE.

Pourquoi t'en défendre, ma chère ? tu
ne pouvais lui donner une plus grande
marque d'amitié que de m'avertir du be-

soin qu'il a de mes conseils. Ne suis-je pas moi-même sa sœur, sa meilleure amie; et quand tu l'aurais aidé à me tromper, crois-tu que mon affection pour lui ne m'eût pas éclairée tôt ou tard sur sa conduite?

ADRIEN.

Je t'avertis, ma sœur, qu'avec toute la reconnaissance que je te dois pour ces sentimens, je ne suis cependant pas d'humeur à t'écouter grouder ce soir; il est tard, j'ai envie de dormir.

LÉONORE.

Peux-tu goûter un sommeil tranquille avec une conscience qui ne saurait l'être!

ADRIEN.

Ma conscience ne me reproche rien. Je ne fais de tort à personne.

LÉONORE.

Quoi! elle ne te reproche point de tromper un parent qui te traite comme

son fils! elle ne te crie pas sans cesse que
c'est le payer bien mal de ses bontés, et
qu'il n'apprendra quelque jour qu'avec
une juste indignation que ce neveu pour
qui il ressentait une amitié de père est devenu un joueur de profession ?

ADRIEN.

Mon oncle ne joue-t-il pas lui-même
quelquefois ?

CONSTANCE.

Il y a bien de la différence à faire de
temps à autre une partie de société avec
ses amis, ou à ne s'occuper d'autre chose
le jour et la nuit, comme vous faites depuis
quelques semaines, mon cousin.

ADRIEN.

Constance est aussi contre moi ! oh !
je vois, mesdemoiselles, que c'est un vé-
ritable complot; mais franchement vous
avez mal choisi votre moment pour me

persuader. Hier vous auriez mieux réussi, la fortune m'avait durement traité, j'étais de fort mauvaise humeur contre elle.

LÉONORE.

C'est-à-dire que tu perdais hier et que tu as gagné aujourd'hui.

ADRIEN.

C'est toujours ainsi que vont les choses, et voilà pourquoi les plus mauvais coups laissent encore de l'espérance. Tout m'a réussi ce soir, mes camarades admiraient mon heureuse étoile ; vous conviendrez qu'il faudrait être bien ingrat pour lui tourner le dos.

CONSTANCE.

Puisque vous êtes en fonds, mon cousin, vous plairait-il de me rendre les dix francs.....

ADRIEN, *en riant.*

Impossible, ma chère cousine.

CONSTANCE.

Impossible ! et pourquoi, dès que vous
avez de l'argent ?

ADRIEN, *d'un ton de déclamation.*

« Rien ne porte malheur comme payer ses dettes (1). »

CONSTANCE.

Vous me donnez là une belle raison !
trouvez bon que je ne m'en contente point.
J'ai le plus grand besoin de mon argent.

LÉONORE.

L'usage qu'elle en veut faire est assurément bien plus utile que celui pour le-
quel tu prétends le garder.

ADRIEN.

A l'air que vous prenez toutes les
deux, je commence à craindre que vous
n'ayez des desseins sur ma bourse. C'est
pour savoir si je suis en fonds que vous
m'avez peut-être attendu, et j'ai été

(1) Vers du *Joueur* de Regnard.

III.   8

bien sot de me trahir moi-même. Le plus prudent est de la mettre en sûreté sous mon chevet. Bonsoir.

CONSTANCE, *le retenant.*

Mon cousin, je vous conjure le plus sérieusement du monde de me rendre ce que je vous ai prêté. Vous seriez un ingrat de me le refuser plus long-temps.

ADRIEN.

Voilà un créancier bien pressant. Il s'agit de faire emplète de quelque parure nouvelle, je suppose.

CONSTANCE.

Non, il s'agit d'une œuvre de charité.

LÉONORE.

Oui, mon frère, c'est pour Annette, la fille du portier. Tu te rappelles combien elle était bonne et complaisante pour nous ! La pauvre femme est tombée dans la dis-grâce de son père, elle n'a d'argent que

celui qu'elle gagne en travaillant ; demain... Mais, lis toi-même ce qu'elle écrit
à sa sœur.

ADRIEN.

Cette pauvre Annette ! Je me rappelle
en effet que c'était une fort bonne fille.
Voyons donc sa lettre. (*Il lit tout bas.*)

LÉONORE, *bas, à Constance.*

Cette lecture paraît le toucher.

CONSTANCE, *de même.*

Vois-tu ses yeux qui se remplissent de
larmes ?

ADRIEN, *après avoir lu.*

Sur la rue. Bon Dieu ! quelle cruelle extrémité !... Ma cousine, il est bien juste
que je vous rende ce que je vous dois,
puique vous le destinez... Mais dix francs
ne suffiront pas...

CONSTANCE.

Votre sœur...

LÉONORE, *lui faisant un signe.*

Hélas! il sait bien que sa sœur n'a pas comme lui la ressource du jeu; dangereuse ressource, à la vérité! mais qui le met du moins en position de rendre à cette heure un grand service à cette malheureuse Annette.

ADRIEN.

De la façon dont parle Léonore, ne dirait-on pas que j'ai une bourse pleine de louis? Cependant, après avoir payé ma dette à Constance, il ne me restera que huit francs pour me présenter demain à une grosse partie de vingt-et-un.

CONSTANCE.

Hé bien, laissez là votre partie et joignez-vous plutôt à la nôtre, votre cœur y trouvera mieux son compte.

LÉONORE.

Le moyen de prendre quelque plaisir, lorsqu'on est poursuivi par le souvenir d'une personne malheureuse qu'il dépendait de soi de secourir ?

CONSTANCE.

Les bénédictions d'Annette plairont davantage à votre oreille que les expressions pleines de dépit des joueurs qui perdent leur argent, ou les quolibets insupportables de ceux qui gagnent le vôtre.

LÉONORE.

J'ai toujours ouï dire que la fortune est capricieuse ; tu viens toi-même d'en convenir, mon frère. Si tu as gagné aujourd'hui, demain tu dois t'attendre à un sort contraire, et alors quel regret n'éprouveras-tu pas d'avoir refusé au malheur cette légère somme ?

CONSTANCE.

Quand je pense à la situation d'Annette, à ses inquiétudes cruelles, aux humiliations dont elle est menacée, et au temps

8.

si court qui lui reste, je ne puis assez m'é-
tonner qu'on hésite à la secourir.

LÉONORE.

Il fut un temps, Constance, où Adrien
n'aurait pas eu le courage de le faire, sa
compassion se serait éveillée d'abord, et
son cœur lui aurait aussitôt obéi. Te sou-
viens-tu de cet aveugle auquel il donnait
deux sous toutes les fois que nous allions
à la promenade, préférant le plaisir de
faire du bien à celui d'acheter des gâteaux?

CONSTANCE.

Il disait que les remercîmens de l'aveugle lui paraissaient mille fois plus déli-
cieux que les gâteaux les plus délicats.

LÉONORE.

Cependant ses légères aumônes n'em-
pêchaient pas l'aveugle de mendier, elles
ne faisaient qu'adoucir sa misère, au
lieu que le service d'aujourd'hui termine

tout-à-coup une situation extrêmement
déplorable.

ADRIEN.

Vous avez raison, mes chères amies,
je me rends. Adieu la partie de vingt-et-
un, Annette aura la préférence.

LÉONORE, *l'embrassant.*

Je reconnais le cœur de mon frère.

CONSTANCE.

Que je vous embrasse aussi, mon cousin; vous m'avez fait quelquefois des pro-
messes trompeuses, mais j'ai plus de confiance dans celle-ci, parce que ce n'est
point le dépit qui vous l'arrache.

ADRIEN.

Que diront mes amis? je leur dois pourtant une revanche.

LÉONORE.

Tu as peut-être plus perdu avec eux
que tu ne t'es enrichi. D'ailleurs, mon

frère, ne te mets pas en peine de leurs
discours; ce n'est pas une compagnie à laquelle tu dois tenir, si ton intention est
de te corriger, et j'espère que tu te corri-
geras. Cette bonne action te mettra en goût
d'en faire d'autres; tu sentiras, pour peu
que tu y réfléchisses, que c'est une chose
aussi folle que dangereuse de se mettre
continuellement à deux doigts de sa ruine, comme font tous les joueurs.

ADRIEN.

Je ne sais en effet quelle espèce de plaisir s'attache à cette passion. C'est une
source de querelles, d'inquiétudes et de
mauvaise humeur. Me voilà bien décidé à
ne plus jouer.

LÉONORE.

Que cette résolution me charme! sois
assuré qu'avec un peu de courage tu la
soutiendras fidèlement. Ta passion est

encore faible, parce que tu es bien jeune;
mais en la nourrissant plus long-temps
elle deviendrait à la fin insurmontable.
Mon oncle, éclairé trop tard pour ton malheur, t'abandonnerait avec indignation, et
privé de cet unique appui....... hélas! je
n'ose envisager ce que tu deviendrais.

ADRIEN.

Je serais malheureux, ma sœur, mais
je ne ferais rien d'indigne de toi ni de moi.

LÉONORE.

Je ne doute point que tu n'en sois fort
éloigné en ce moment; mais, mon pauvre
frère, on n'est pas toujours le maître de
s'arrêter où l'on veut dans la carrière du
vice. Pour moi, j'étais si effrayée des dangers qui te menaçaient, que je n'aurais
point hésité à te dénoncer à mon oncle,
si je t'avais trouvé sourd à mes prières.

CONSTANCE.

Grâce au Ciel, il ne sera pas nécessaire d'en venir là. N'est-il pas vrai, mon cousin?

ADRIEN.

Non, ma petite cousine, je ne veux faire désormais d'autres parties que les vôtres.

CONSTANCE.

Ah! qu'il me tarde d'être à demain pour annoncer à Denise la bonne nouvelle qui l'attend!

LÉONORE.

Écoute, mon frère, il n'y a point de temps à perdre; comme tu es plus matinal que nous, et que Denise n'a point la liberté de sortir quand il lui plaît, je t'invite à porter toi-même chez Annette l'argent que nous lui destinons. Songe que tu ne saurais trop tôt la tirer de l'inquiétude où elle se trouve. Voici dix francs que tu ajouteras de ma part au reste de la somme.

ADRIEN.

Ah! ah! tu m'avais d'abord fait entendre que tu ne pouvais rien donner.

LÉONORE.

Je voulais m'assurer que ton cœur est toujours le même.

ADRIEN.

Puisque vous faites vingt francs entre vous deux, et qu'on n'en demande pas davantage, ne puis-je pas garder.....

LÉONORE.

Eh! quoi! mon frère! es-tu déjà au repentir d'avoir écouté les conseils de la générosité et de la raison?

CONSTANCE.

La pauvre Annette peut-elle rester sans argent pendant trois semaines, temps qui

lui sera nécessaire pour achever son ouvrage?

ADRIEN.

Allons, allons, je ne me rétracte point,
elle aura tout. Et son adresse?

CONSTANCE.

Elle est au bas de la lettre.

LÉONORE.

Bonsoir, mon frère, je vais passer une
bien meilleure nuit que les précédentes.

SCÈNE V.

ADRIEN, *seul.*

Il me semble que je dormirai aussi d'un
sommeil plus tranquille. On n'est point
heureux dans le désordre, je l'ai senti
mille fois. La crainte d'être découvert et
puni empoisonne tous les plaisirs qu'on
essaie de goûter. Qu'est-ce au reste que
le plaisir d'un joueur? c'est de dépouiller

ses camarades, de s'enrichir à leurs dépens. Sa joie naît toujours de la tristesse
des autres, et je n'ai pu m'empêcher d'é-
prouver quelques remords, en voyant le
chagrin du pauvre Raoul, qui a perdu ce
soir une bonne partie de ce que j'ai gagné.
A dire la vérité, il ne cherchait qu'à me
mettre dans la même peine, car des joueurs
ressemblent à une société d'ennemis qui
n'ont d'autres desseins que de se nuire.
Quelle folie! encore si on se contentait de
jouer quelques petites pièces de monnaie,
les jours de congé, comme nous faisions
dans les commencemens! mais depuis que
Barthélemi est venu parmi nous, il n'y
a plus moyen de se modérer. Il prétend
que nous ne devons pas jouer aux liards
comme les polissons des rues. Au reste,
il fait fort bien d'aimer que le tapis soit
riche, lui qui ne perd jamais. Comment

fait-il donc pour cela? Raoul m'a donné à entendre qu'il y avait là-dessous quelque tricherie.... si je le croyais.... Mais qui frappe ici à cette heure?

THOMAS, *en dehors*.

Êtes-vous couché, monsieur Adrien ?

ADRIEN.

C'est Thomas, l'apprenti du portier; que peut-il me vouloir? (*Il ouvre.*)

SCÈNE VI.

ADRIEN, THOMAS.

THOMAS.

Il n'y a pas long-temps que vous êtes seul.

ADRIEN.

Non, ma sœur et ma cousine ne font que de se retirer chez elles.

THOMAS.

Ne vous ont-elles point grondé de rentrer

si tard ? et ne craignez-vous point qu'elles
n'avertissent votre oncle ?

ADRIEN.

Elles me sont trop attachées pour chercher à me nuire.

THOMAS.

Au moins, Monsieur, vous ne leur avez
pas dit que c'est moi qui vous ouvre la
porte ?

ADRIEN.

Sois tranquille, je suis incapable d'ac-
cuser un garçon qui m'a rendu service.
Si c'est là ce qui t'amène, tu peux aller
dormir en repos.

THOMAS.

J'ai encore quelque autre chose à vous
dire. Savez-vous bien, Monsieur, que je
m'expose beaucoup pour l'amour de vous?
Ce train de vie ne saurait durer long-temps;
mon maître, et peut-être votre oncle, fi-

niront par découvrir la vérité; vous en serez quitte apparemment pour des reproches, mais moi je serai battu, renvoyé, que sais-je ?

ADRIEN.

Hé bien ! quelle est la conclusion dé cette harangue ?

THOMAS.

Qu'il faut que vous vous adressiez à un autre qu'à moi, parce qu'en conscience, tout généreux que je suis....

ADRIEN.

Oh ! ne me parle pas de ta générosité. Il me semble que tu n'as point à te plaindre de la mienne, je te paie assez bien.

THOMAS.

Non, Monsieur, vous ne me donnez point assez. Un honnête garçon ne peut consentir à tromper son maître pour si peu de chose.

ADRIEN.

C'est-à-dire que tu mets ton honnêteté à l'enchère.

THOMAS.

Il faut bien que je me dédommage du risque que je cours. D'abord vous êtes assez souvent le dernier à rentrer à l'hôtel, et lorsque je vous ouvre la porte, mon maître me demande : Qui est-ce, Thomas ? Thomas ne peut répondre sans mentir ; le mensonge lui coûte, parce qu'il aime la vérité ; il l'expose à se voir confondu le lendemain : d'où je conclus qu'il ne faut pas faire la guerre à ses dépens.

ADRIEN, *à part.*

Voilà un petit fripon qui mériterait bien d'être corrigé.

THOMAS.

Je vous avertis encore, Monsieur, que Denise a quelque soupçon de notre intel-

9.

ligence. C'est une petite rusée plus à re-
douter qu'on ne s'imagine. Si elle vient à
parler, il faudra que je me défende. Non,
vous ne me donnez point assez pour me
faire supporter de si grands inconvéniens.

ADRIEN.

Hé bien, sois tranquille; je n'exige plus
rien de ta complaisance. Il ne te sera plus
utile à l'avenir de veiller ni de mentir
pour moi. Tu garderas tes scrupules, et
moi mon argent.

THOMAS.

Bon! et qui est-ce qui vous ouvrira la
porte ?

ADRIEN.

J'aurai soin de rentrer à des heures
convenables.

THOMAS.

Vous vous êtes peut-être arrangé avec
Denise.

ADRIEN.

Non, Thomas, je ne veux plus déranger personne de son devoir, j'aime mieux me réduire au mien, et tenir à ma sœur la promesse que je lui ai faite de ne plus jouer.

THOMAS.

Vous ne la tiendrez point, Monsieur, cette promesse. Ne savez-vous pas le proverbe : Qui a bu, boira; qui a joué, jouera.

ADRIEN.

Quand la raison ne m'y déterminerait pas, il suffirait de tout ce que tu viens de me dire sur les dangers où je t'expose.

THOMAS.

Je vous suis si dévoué, que je continuerai néanmoins à vous servir, si vous voulez m'augmenter seulement de la moindre chose.

ADRIEN.

Tu es un fripon intéressé.

THOMAS.

Vous ne voulez point m'entendre ? oh bien, continuons donc comme par le passé, j'ai pour vous une inclination qui me ruine.

ADRIEN.

Je te répète que je ne veux plus jouer, ni vivre dans le désordre. Je me repens de t'avoir engagé dans une mauvaise voie; hâte-toi d'en sortir, à mon exemple.

THOMAS.

C'est donc tout de bon que vous par-lez ?

ADRIEN.

Sans doute.

THOMAS.

Que ferez-vous désormais chaque soir ?

ADRIEN.

Ce que je faisais avant le voyage de
ma sœur. Je me tiendrai auprès de mon
oncle, je lui ferai de bonnes lectures, j'é-
tudierai mon violon.

THOMAS.

Le bel agrément pour un garçon de votre âge, de passer ses soirées dans la compagnie d'un vieillard goutteux, presque
toujours de mauvaise humeur! ne feriez-
vous pas mieux de vous accommoder avec
moi, et de continuer à vous divertir?

ADRIEN.

Tu me prêches là une excellente morale.

THOMAS.

Est-ce qu'elle n'est plus de votre goût?

ADRIEN.

Elle n'est propre au contraire qu'à
m'affermir dans mon devoir, en me dé-

couvrant combien j'ai eu tort de réveiller
en toi de si mauvaises inclinations.

THOMAS.

Puisqu'il n'y a plus rien à gagner avec
vous, je vous avertis que je vais donner
carrière à ma langue sur votre compte,
sans me soucier que votre oncle en soit
instruit ou non.

ADRIEN.

A la bonne heure; mais comme je suis
plus fort que toi, prépare en même temps
tes épaules à en recevoir les remercîmens que je ne manquerai pas de leur
appliquer.

THOMAS.

Ne voyez-vous pas que je plaisante?

ADRIEN.

Moi, je ne plaisante pas, et tu peux te
tenir pour averti.

THOMAS.

Avez-vous eu à vous plaindre de ma discrétion?

ADRIEN.

C'est de quoi je ne me mets pas en peine.

THOMAS.

Bonsoir, monsieur Adrien, je suis toujours à votre service.

SCÈNE VII.

ADRIEN, *seul.*

Mes menaces ont mis un terme à son impertinence. Avec quelle impudeur il montre sa cupidité et me propose ouvertement d'acheter sa probité! Il ne m'appartient pas au reste de lui en faire un crime, c'est moi qui l'ai séduit; sans mes instances il ne se serait peut-être jamais détourné de son devoir, le mien est de l'y ramener avec douceur, par tous les moyens imaginables. (*Il entre dans sa chambre.*)

Acte second.

SCÈNE PREMIÈRE.

ADRIEN, *seul.*

Il n'est pas encore neuf heures, j'ai tout le temps qu'il me faut pour remplir ma commission avant midi. Cette pauvre Annette! qu'elle va être contente! je n'ai songé qu'à elle toute la nuit. Il me semblait qu'elle me baisait les mains, qu'elle me disait mille douceurs, dont j'étais attendri jusqu'aux larmes. Allons, n'oublions pas ma bourse, ni les dix francs de Léonore. Cela fera vingt-huit francs, au lieu de vingt qu'Annette demandait : elle en sera transportée de joie..... Il faut convenir aussi qu'un joueur n'aurait pas mauvaise grâce de se présenter à une partie avec une pareille bourse. Celle d'aujourd'hui sera chaude ! Que Théodore sera surpris de ne me pas voir ! si j'y allais seulement pour regarder....., ou si j'exposais un écu pour la dernière fois.....Un écu ! c'est bien peu de chose ; il resterait encore à Annette vingt-cinq francs..... Chassons cette mauvaise pensée ; j'ai promis de ne plus jouer, je ne dois point songer à autre chose, et de peur que la tentation ne me reprenne, allons mettre cet argent en sûreté entre les mains d'Annette. (*Il prend son chapeau et va pour sortir.*)

SCÈNE II.

ADRIEN, RAOUL, BARTHÉLEMI.

ADRIEN.

Quoi ! mes amis ! c'est vous, si matin !

RAOUL.

Nous avons été bien inspirés, car il me semble que tu allais sortir.

BARTHÉLEMI.

Je comptais vous surprendre au lit, Adrien. C'est aux favoris de la fortune à goûter les douceurs du sommeil; de pauvres diables tels que nous ne dorment point.

RAOUL, *à Adrien*.

Comment trouves-tu ses plaintes ? il ne perd jamais, et se lamente toujours plus que les autres.

BARTHÉLEMI.

Les premiers tours du jeu me furent hier extrêmement contraires : je jouai jusqu'à ma dernière pièce.

RAOUL.

Oui, mais cette dernière pièce à tou-

jours le talent de rattraper toutes les
autres; on dirait qu'elle est enchantée.
Aussi comptez-vous tellement sur sa vertu, que vos pertes ne vous émeuvent
guère.

BARTHÉLEMI.

Voudriez-vous que je m'emportasse
comme vous au moindre échec ? ce n'est
pas mon humeur de faire du tapage, de
déchirer les cartes et de faire voler les dés
sur le plancher. Cela ne sert qu'à se faire
moquer de soi. Il faut savoir perdre et
gagner avec mesure.

RAOUL.

C'est que je ne gagne ni ne perds à ma
volonté, et que ma dernière pièce ne m'est
pas plus fidèle que les autres.

BARTHÉLEMI.

Qu'entendez-vous par là ?

RAOUL.

Je sais bien ce que j'entends, et j'y vois
plus clair qu'on ne pense.

ADRIEN.

Vous arrivez ensemble, et vous voilà
prêts à vous quereller.

RAOUL.

Nous nous sommes rencontrés à ta
porte, je ne le cherchais point.

BARTHÉLEMI.

Ni moi non plus, je vous assure; son
humeur est trop désagréable. Il ne sait
pas jouer, et s'en prend aux autres de sa
maladresse.

RAOUL.

Je sais jouer, mais je ne sais point fri-
ponner, ni trouver bon qu'on me vole
mon argent.

BARTHÉLEMI.

Adrien peut prendre sa part de cette

politesse, puisqu'il vous gagna hier au
soir.

RAOUL.

Adrien n'a pas un bonheur assez cons-
tant pour que cela le regarde ; je ne m'a-
dresse qu'à ceux qui ne perdent jamais.

ADRIEN.

Messieurs, je vous en prie, ne poussez
pas plus loin cette querelle ; de sembla-
bles reproches sont trop offensans pour
se les adresser à la légère, et pour moi,
je vous déclare que je ne veux mettre en
doute la probité d'aucun de nos camarades. Convenons qu'un dès graves inconvéniens du jeu est d'aigrir les esprits, et
de faire vivre mal ensemble des personnes
qui sans cela ne songeraient qu'à se complaire mutuellement.

RAOUL.

Je conviendrai de tout ce que tu vou-

10.

dras, Adrien ; le jeu commence à m'excé-
der ; je crois que j'y renoncerai bientôt.
On ne peut pas avoir plus de malheur
que je n'en ai.

BARTHÉLEMI.

Votre injustice à mon égard ne m'em-
pêchera pas de vous représenter que c'est
moins la mauvaise fortune que votre vivacité qui est la cause de vos pertes. Dès
le premier échec, vous vous troublez,
vous vous emportez, au lieu de redoubler
de prudence et d'attention. A une timidité maladroite vous faites succéder tout-
à-coup une témérité qui ne l'est pas moins,
vous vous jetez dans le péril à corps
perdu. Ce n'est pas ainsi qu'on corrige le
sort, il faut se posséder jusqu'à la fin.

ADRIEN.

Le parti le plus sage serait de ne point
jouer du tout.

RAOUL.

Je crois que c'est celui que je prendrai,
si mon étoile ne change pas.

BARTHÉLEMI.

Fi donc! il y a de la lâcheté à fuir son
ennemi au lieu de le combattre. Essayez
plutôt de mettre à profit le conseil que je
vous donne, vous en avez aujourd'hui une
belle occasion. La partie de vingt-et-un
que donne Théodore sera des plus ani-
mées, tous les joueurs sont en fonds.

RAOUL, *à Adrien.*

A propos de ce vingt-et-un, je t'avertis
que l'heure est changée. Le père de Théodore va au Palais ce matin à onze heures
précises, son fils nous attend aussitôt son
départ; nous serons parfaitement libres
jusqu'à trois heures.

ADRIEN.

Je suis bien fâché de ce changement,

mais j'ai une commission importante à remplir précisément à l'heure de la partie; je ne saurais me trouver chez Théodore.

BARTHÉLEMI.

Il faut remettre votre commission au soir.

RAOUL.

Sans doute. Pourvu qu'elle se fasse aujourd'hui, que t'importe?

ADRIEN.

Il faut que je sois à l'extrémité du faubourg Saint-Jacques avant midi.

RAOUL.

Hé bien, ne t'en mets pas en peine. Je vais te mener chez un drôle fort intelligent, fort discret, qui fera pour toi cette commission. Je t'en réponds comme de moi-même.

ADRIEN.

Je n'ai point d'argent pour jouer, puisqu'il faut en convenir.

RAOUL.

A qui le dis-tu ? tu m'as gagné hier tout
le mien.

ADRIEN.

Je m'en suis servi pour payer une
dette.

BARTHÉLEMI.

Vous avez fait là une chose, mon cher
Adrien, qui est tout-à-fait contre les
règles.

RAOUL, *lui frappant sur le gousset.*

Quoi ! il n'y a plus rien là-dedans ! Ah !
trompeur ! comme cela sonne ! c'est le
gousset d'un financier. Il y a au moins
quarante francs.

ADRIEN.

Il n'y en a pas même trente, et encore.

ne m'en reste-t-il pas un tiers en proprié-
té. Que dis-je ? il ne me reste rien, j'en ai
disposé, de concert avec ma sœur et ma
cousine, pour une œuvre de charité.

RAOUL.

Oh ! ma foi, tu seras charitable dans un
autre moment, celui-ci n'est pas oppor-
tun. Tu as promis de te trouver à cette
partie, un honnête homme n'a que sa
parole.

ADRIEN.

J'ai eu tort de faire cette promesse; mais
j'aurais encore plus de tort de la tenir
aux dépens de celle que j'ai faite à ma
sœur.

BARTHÉLEMI.

Voilà bien des engagemens en peu
d'heures. A quoi vous oblige donc le dernier, sans être trop curieux ?

ADRIEN.

Je ne ferai pas difficulté de vous le
dire. Ma sœur m'a fait faire sur les dangers de la passion du jeu des réflexions
si justes et si sages, que j'ai pris la résolution d'y renoncer.

BARTHÉLEMI, *d'un air malin.*

C'est se corriger à propos.

RAOUL.

Mais en effet, Adrien, ta réforme te
donne tout l'air d'un homme qui veut
conserver ses avantages. Que ne la com-
mençais-tu avant-hier ? je n'aurais peut-
être pas perdu mon argent avec un autre.

ADRIEN.

Tu me ferais injure de croire que l'intérêt entre pour quelque chose dans ma
conduite. Une occasion de faire du bien
s'est présentée, j'ai promis d'y placer mon
argent, et de là est venu mon engagement

de me corriger de mon amour pour le jeu.
Je ne le prévoyais guère en vous quittant.

BARTHÉLEMI.

Quant à moi, Adrien, je n'en fais pas le
moindre doute ; mais personne ne vous
rendra à cet égard la justice que vous méritez, vous allez vous perdre d'honneur
dans l'esprit de tous vos camarades, et je
ne vois rien qui puisse vous dispenser de
donner à Raoul sa revanche.

RAOUL.

Cette obligation-là en vaut bien une
autre.

ADRIEN.

Vous m'embarrassez cruellement, je
vous l'avoue, car je sens bien que vos raisons ont quelque apparence de justice ;
mais comment m'excuser auprès de ma
sœur ? La personne d'ailleurs chez qui je
me rendais doit avoir son argent avant

midi, il faut bien que je lui remette celui
dont je ne suis que le dépositaire.

RAOUL.

Envoie-le par le petit garçon que je
t'ai proposé.

BARTHÉLEMI.

Ce n'est pas mon avis. La personne en
question voudra remercier la sœur et la
cousine d'Adrien, leur entrevue décou-
vrira que ce n'est pas lui qui a porté l'argent, et exposera notre ami à des reproches. Il vaut mieux qu'il ne fasse au jeu
qu'une courte apparition, qui prouvera sa
bonne volonté : un tour ou deux de vingt-
et-un sont bientôt faits. Il prendra ensuite un fiacre pour courir au faubourg
Saint-Jacques.

RAOUL.

On ne peut pas mieux accorder les choses ; qu'en penses-tu, Adrien ?

III.   11

ADRIEN.

'Hélas! je ne sais....

BARTHÉLEMI, *bas, à Adrien.*

Croyez-moi, ne résistez pas davantage, vous êtes en veine, je gage que vous allez doubler votre bourse.

ADRIEN, *à part.*

Si j'osais m'en flatter!

RAOUL.

Comment! il est déjà dix heures! M. de Verneuil doit être sorti; Théodore nous attend, partons.

ADRIEN.

Ah! mes amis! où m'entraînez-vous!

BARTHÉLEMI.

A la fortune, heureux Adrien. Vous avez aujourd'hui une physionomie à ne faire sortir pour vous que des vingt-et-un d'emblée.

ADRIEN.

De pareils pronostics sont, bien séduisans, je l'avoue.... mais que dira ma sœur, à qui j'ai tant promis de ne plus jouer !

RAOUL.

Elle dira tout ce qu'elle voudra. Si nous devions écouter nos sœurs, elles nous réduiraient bientôt à vivre comme des demoiselles.

BARTHÉLEMI.

Allons, Messieurs, rien ne nous empéchera de continuer notre entretien dans la rue.

ADRIEN.

Ah! pauvre Léonore! que tu es loin de soupçonner la faiblesse de ton frère! (*Ils sortent.*)

SCÈNE III.

DENISE, *seule.*

Le voilà enfin parti! ces demoiselles

m'ont dit que M. Adrien s'était chargé de
porter vingt-huit francs à ma sœur; j'aurais bien voulu le remercier de sa complaisance et de la part qu'il ajoute aux
bontés de ces aimables demoiselles, je ne
l'ai pas osé en présence de sa compagnie.
Il me semble qu'il aurait dû partir plus tôt,
Annette demeure si loin d'ici! mais pourvu
qu'il arrive à temps, je serai trop heureuse.

SCÈNE IV.

DENISE, LÉONORE.

LÉONORE.

Hé bien! Denise, dans quelles dispositions as-tu trouvé mon frère?

DENISE.

Je ne lui ai point parlé, mademoiselle,
parce qu'il avait avec lui deux jeunes messieurs, et qu'ils sont partis ensemble.

LÉONORE.

Quelle compagnie pouvait-il avoir si matin?

DENISE.

Ce sont, je crois, messieurs Raoul et Barthélemi.

LÉONORE.

· Tant pis, c'est une mauvaise société pour Adrien; j'aimerais beaucoup mieux le savoir seul. Il fera bien, au reste, de se conduire plus sagement à l'avenir, car mon oncle a eu sur son compte quelques avertissemens secrets, qui le mettent de fort mauvaise humeur.

DENISE.

Notre apprenti Thomas pourra bien attraper sa part de cette mauvaise humeur. Je suis sûre qu'il est d'intelligence avec votre frère, et qu'il se fait bien payer pour l'attendre.

11.

LÉONORE.

Ton devoir, Denise, était de prévenir ton père de ce commerce, puisque tu t'en étais aperçue.

DENISE.

Je ne l'ai pas osé, à cause de M. Adrien.

LÉONORE.

Une autre fois, mon enfant, tu te souviendras de ne point te laisser influencer par de pareilles considérations. Il faut savoir rendre service aux gens malgré eux, quand ils ne sont pas assez raisonnables pour y consentir. J'entends mon oncle, retire-toi.

SCÈNE V.

LÉONORE, CONSTANCE, M. SILVÈRE, *soutenu par Constance et appuyé sur sa canne.*

M. SILVÈRE.

Vraiment, Léonore, j'apprends là de

jolies nouvelles de ton frère. Le libertin!
négliger ses études, compromettre sa santé, dissiper son argent au jeu, séduire le
garçon du portier, et abuser de mon état
pour se livrer à ses caprices; quelle conduite! quelle récompense de mon affection!

CONSTANCE.

Mon père, placez-vous dans ce fauteuil.

LÉONORE.

Etendez votre jambe sur ce tabouret.
Comment avez-vous passé la nuit?

M. SILVÈRE.

Mal. Mon esprit et mon corps étaient
également tourmentés, je sentais comme
un pressentiment de ce qui m'arrive. Quel
chagrin, en effet, de voir mon neveu, le
fils de mon frère, annoncer de si dange-

reuses dispositions! Quel traitement pen-
sez-vous que je doive lui faire?

CONSTANCE.

Je vais vous chercher un oreiller pour
appuyer votre tête.

M. SILVÈRE.

Non, non, je n'en ai pas besoin. Me
trouverez-vous trop sévère à son égard,
si je le retiens dans sa chambre pendant
un mois?

LÉONORE.

Vous n'êtes pas assez vêtu, mon oncle,
cette chambre est pleine d'ouvertures.
Vous apporterai-je votre manteau?

M. SILVÈRE.

Je suis bien comme cela, vous dis-
je; pourquoi éviter de me répondre lorsque je vous interroge? Vous savez tout ce
que j'ai fait pour Adrien, tout ce que
j'avais dessein de faire; je l'ai traité comme

mon propre fils, èt néanmoins il me trompe, il se moque de moi, il travaille à me
déshonorer; je veux savoir ce que vous
pensez de cette conduite. Explique-toi,
Léonore.

LÉONORE.

Mon oncle, je trouve mon frère bien
malheureux d'avoir encouru votre dis-
grâce.

M. SILVÈRE.

C'est un malheur dont il ne peut ac-
cuser que lui. Que dis-tu, toi, Constance?

CONSTANCE.

Moi, mon père? je pense qu'il sera pénétré de reconnaissance, si vous avez la
bonté de lui pardonner ses fautes.

M. SILVÈRE.

Que dites-vous donc là, mademoiselle?
Je parle de le punir, et non de lui pardonner.

LÉONORE.

La douleur de vous avoir offensé lui sera déjà une rude punition.

M. SILVÈRE.

Il en serait quitte à bon marché, si je vous écoutais ; mais je ne suis pas si faible, et je lui apprendrai à passer les nuits au jeu, lorsque je le crois dans son lit.

CONSTANCE.

Il nous a bien promis qu'il ne jouerait plus.

M. SILVÈRE.

Comment, il vous a promis ? Vous étiez donc dans sa confidence ? Vous baissez les yeux l'une et l'autre, c'est à merveille ! fille, nièce, neveu, chacun me trompe à l'envi, je suis la dupe de toute ma maison.

LÉONORE.

Ah ! mon oncle, ne croyez pas que nous

en soyons capables! C'est pendant mon absence qu'Adrien a contracté les pernicieuses habitudes contre lesquelles vous vous révoltez avec raison. A peine en ai-je été instruite, que j'ai fait mes efforts pour l'en détacher. S'il eût résisté à mes remontrances, je n'aurais pas manqué de recourir à vous ; mais n'était-il pas naturel que j'essayasse de le persuader avant de le livrer à votre ressentiment? Vous êtes bien aise que nous nous aimions, et vous savez que l'amitié ne se soutient que par ses délicatesses.

M. SILVÈRE.

Je ne puis qu'approuver tes intentions, Léonore; mais Constance devait-elle souffrir les désordres de son cousin ?

CONSTANCE.

Moi, mon père, j'attendais le retour de ma cousine.... et de plus, je craignais pour

votre santé l'effet de cette mauvaise nouvelle.

M. SILVÈRE.

Vous vous justifiez fort bien l'une et
l'autre. Vous dites donc qu'Adrien est
dans l'intention de se corriger ?

LÉONORE.

Il nous l'a promis positivement hier au
soir.

M. SILVÈRE.

Je désire qu'il ne trompe pas vos espé-
rances, quoique je doute un peu que deux
jeunes personnes de votre âge aient assez
de crédit sur son esprit pour le détacher
de sa passion. Peut-être même qu'à l'heure
où je parle il ne se souvient plus de ses
engagemens, malgré que Constance m'ait
assuré qu'il était allé faire, au nom de vous
trois, une œuvre de bienfaisance.

LÉONORE.

Rien n'est plus vrai, mon oncle; il a renoncé à une partie de jeu qu'il avait aujourd'hui, pour donner tout son argent à Annette, la fille du portier, qui se trouve dans un besoin urgent.

M. SILVÈRE.

Il n'avait pas de meilleure manière de réparer ses torts.

CONSTANCE.

Vous voyez bien que nous sommes de bonnes prêcheuses, et que nous avons plus de crédit sur lui que vous ne pensez.

M. SILVÈRE.

Le temps me le prouvera encore mieux, car ce ne serait pas la première fois qu'un joueur se serait laissé persuader de faire une bonne action, pour retomber ensuite dans ses mêmes faiblesses.

III. 12

SCÈNE VI.

M. SILVÈRE, LÉONORE, CONSTANCE, DENISE, ANNETTE.

ANNETTE, *à M. Silvère.*

Ah! Monsieur! je viens implorer votre compassion!

M. SILVÈRE.

Qui êtes-vous, mademoiselle?

ANNETTE.

Quoi! vous ne reconnaissez pas la pauvre Annette! Hélas! je suis donc bien changée!

(*Léonore et Constance se regardent avec inquiétude.*)

M. SILVÈRE.

En effet, Annette, je te reconnais maintenant. Que puis-je faire pour ton service?

ANNETTE.

M'obtenir le pardon de mon père, que

j'ai eu le malheur d'offenser. Mon mari m'a abandonnée ; je suis sans pain, sans asile, puisque je n'ai point d'argent pour payer mon loyer ; je ne sais que devenir, si mon père ne veut avoir pitié de moi. Jusqu'à présent il a été sourd à mes plaintes ; mais j'espère encore qu'il vous écoutera, si vous daignez lui parler en ma faveur.

M. SILVÈRE.

Calme-toi, Annette ; je tâcherai de remettre la paix entre vous. (*A Léonore et à Constance.*) Mais ne me disiez-vous pas qu'Adrien était allé chez elle ?

LÉONORE.

Est-il possible, Annette, que vous n'ayez pas vu mon frère ?

CONSTANCE.

Il vous portait de quoi payer votre terme.

DENISE, *tristement.*

Ma pauvre sœur n'a rien reçu !

ANNETTE.

Je ne suis pourtant sortie qu'à onze heures et demie. Mon inquiétude ne m'a pas permis d'attendre plus long-temps ; j'ai craint d'être traitée avec trop de rigueur, et, comme il est encore moins dur de supporter les reproches d'un père que ceux des étrangers, j'ai pris la résolution de me rendre ici.

DENISE.

Son arrivée m'a bien surprise et bien affligée en même temps, car je comptais sur la promesse de M. Adrien. Heureusement que mon père est en ville ; j'ai engagé ma sœur à se retirer chez vous, Monsieur, jusqu'à ce que vous ayez eu le temps de plaider sa cause.

M. SILVÈRE.

Tu as fort bien fait, Denise. Ne manque pas de m'envoyer André lorsqu'il reviendra. Toi, Constance, conduis Annette à ma gouvernante, et recommande-lui d'en avoir soin.

ANNETTE.

Ah ! Monsieur ! quelle reconnaissance ne vous devrai-je pas !

SCÈNE VII.

M. SILVÈRE, LÉONORE.

LÉONORE, *à part.*

Je tremble que mon frère ne soit retombé dans quelque faute : la compagnie avec laquelle il est sorti ne me rassur point.

M. SILVÈRE.

Comment expliquer la conduite d'A-

drien dans cette circonstance? Il part à
neuf heures pour se rendre chez Annette,
et n'y était point encore rendu à onze et
demie! Il s'est moqué de vous, assurément.

LÉONORE.

Mon cher oncle, ne nous pressons point
de le condamner; peut-être a-t-il éprouvé
quelque retard dont on ne peut lui faire
un crime. Il pourrait s'être trompé de
chemin, ou avoir croisé celui d'Annette,
sans s'en apercevoir.

M. SILVÈRE.

Je ne demande qu'à le trouver innocent, mais je me défie beaucoup de sa
fermeté.

SCÈNE VIII.

M. SILVÈRE, LÉONORE,
CONSTANCE.

CONSTANCE.

Mon père, voici une lettre qu'un laquais

de M. de Verneuil vient d'apporter pour vous.

M. SILVÈRE.

M. de Verneuil ! je le connais à peine ; que peut-il avoir à m'écrire ? (*Il lit.*)

« Monsieur,

» Quoique je n'aie pas l'avantage de vous connaître, je crois devoir vous rendre un service que votre qualité de chef de famille vous fera sans doute apprécier ainsi que moi..... »

LÉONORE, *bas à Constance.*

Je tremble qu'Adrien ne soit ici pour quelque chose.

CONSTANCE, *de même.*

Il n'y a pas d'apparence, cousine ; ne te désole pas.

M. SILVÈRE, *lisant.*

« Ce matin, en rentrant chez moi, j'ai trouvé ma maison dans le plus grand dés-

ordre. Mon fils, qui ne m'attendait pas
sitôt, avait rassemblé plusieurs jeunes gens
de son âge pour jouer au vingt-et-un. Votre neveu était du nombre.... »

LÉONORE, *en pleurant.*

Voilà donc mes craintes réalisées !

CONSTANCE.

Le méchant ! comme il s'est joué de
notre confiance !

M. SILVÈRE.

Vous voyez, Mesdemoiselles, l'effet de
vos sermons.

(*Il continue.*)

« Il paraît que cette partie a été précédée
de beaucoup d'autres, et que ces malheureux enfans se sont accoutumés insensiblement à jouer un assez gros jeu pour
leur âge. Un certain Barthélemi, jeune
escroc, qui s'était faufilé parmi eux, avait

gagné à votre neveu vingt-huit francs.
Celui-ci, dans sa fureur, s'est jeté sur lui
pour le battre; Raoul s'est joint à Adrien ;
d'autres joueurs ont pris le parti de Barthélemi, de sorte que la salle était devenue
un champ de bataille, et que les choses
auraient pu finir d'une manière tragique,
si par bonheur je ne fusse arrivé à temps.
J'ai renvoyé honteusement ce Barthélemi
et les autres, dont les parens me sont in-
connus; j'ai fait à Raoul, à votre neveu et
à mon fils, les remontrances les plus vives;
ils m'ont paru pénétrés tous les trois de
confusion et de repentir ; mais comme je
sens que le plus prudent est de les surveiller de près, j'ai cru devoir vous avertir de ce qui s'est passé. J'espère, Monsieur,
que vous me pardonnerez le chagrin que
ma lettre ne manquera pas de vous cau-
ser, et que vous n'y verrez qu'une preuve

de la haute considération avec laquelle j'ai l'honneur d'être votre serviteur.

» DE VERNEUIL. »

LÉONORE.

Hélas! que sera devenu mon frère! il n'osera jamais se présenter devant vous.

M. SILVÈRE.

Il fera fort bien, c'est un mauvais sujet dont je ne veux plus entendre parler.

CONSTANCE.

Quoi qu'il ait fait, vous ne l'abandonnerez point.

M. SILVÈRE.

Eh! qui m'en empéchera, s'il vous plaît? Y a-t-il quelque acte qui m'oblige à garder chez moi un ingrat qui montre de pareilles inclinations? un imposteur qui abuse de votre crédulité et de ma confiance? un indigne qui vole le bien des

pauvres pour satisfaire sa passion? Qu'on
ne m'en parle plus.

CONSTANCE.

Mon père, que voulez-vous qu'il de-
vienne?

M. SILVÈRE.

Qu'il se fasse mousse, décrotteur, tout
ce qu'il lui plaira, je ne m'en soucie en aucune façon. Je ne suis pas d'ailleurs la seule
personne de sa famille; qu'il aille mendier
un asile chez les autres.

CONSTANCE.

Qui voudra le recevoir, quand vous l'a-
bandonnez?

M. SILVÈRE.

Je doute qu'il rencontre en effet nulle
part les sentimens paternels qu'on lui portait ici; il n'est que plus coupable d'en
avoir abusé, mais je ne souffrirai pas plus
long-temps son ingratitude.

LÉONORE.

Je n'ose vous rappeler ce que M. de
Verneuil vous écrit de son repentir.... cependant, mon cher oncle, s'il était vrai
qu'il fût décidé à changer de conduite.....

M. SILVÈRE.

Oh! il ne manquera pas de le jurer, les
mauvais sujets ne sont point avares de pro-
messes; mais vous voyez comme il faut
compter sur les siennes.

CONSTANCE.

Vous aviez raison de dire que nous n'a-
vions pas sur lui le crédit nécessaire, vos
reproches seraient bien plus efficaces.

M. SILVÈRE.

Je ne veux plus le voir.

LÉONORE.

Mon cher oncle!

M. SILVÈRE.

Non, non.

LÉONORE.

Que je suis malheureuse!

M. SILVÈRE.

Pourquoi serais-tu malheureuse? je te regarde comme ma fille: la mauvaise conduite d'Adrien ne change rien à mes sentimens pour toi.

CONSTANCE.

Peut-elle rester indifférente sur le sort de son frère?

M. SILVÈRE.

Elle doit se soumettre à ma volonté, et trouver juste que je punisse un vaurien qui me déshonore.

CONSTANCE.

Elle n'ose pas vous dire ce qu'elle en pense, mais ses larmes prouvent assez que vous confondez l'innocent avec le coupable.

III. 13

M. SILVÈRE.

Sa faiblesse ne doit pas me servir de règle.

CONSTANCE.

Cependant, mon père.....

M. SILVÈRE.

Taisez-vous, Mademoiselle, l'excès de votre zèle commence à me déplaire. Laissez-moi seul, l'une et l'autre.

SCÈNE IX.

M. SILVÈRE, *seul.*

La douleur de Léonore fait l'éloge de sa sensibilité ; je la plains, mais je n'imiterai pas son indulgence. Son mérite ne diminue point les torts de son frère ; au contraire, il les augmente, puisqu'elle lui donnait inutilement l'exemple de bien vivre. N'y pensons plus, je veux oublier que je l'ai-

mais. Que quelque autre parent se charge
du frère; moi, je garde la sœur : sa douceur, sa raison me récompenseront de mes
soins. D'ailleurs je ne suis plus en état de
surveiller ce mauvais sujet..... Quelqu'un
vient; c'est André..... Que lui dirai-je? je
me sens bien ému de mes propres affaires
pour négocier avec succès celles des autres.

SCÈNE X.

M. SILVÈRE, ANDRÉ.

ANDRÉ, *à la cantonade.*
Soyez tranquille, je ne négligerai rien.

M. SILVÈRE.
Ah! te voilà, André?

ANDRÉ.
Oui, Monsieur.

M. SILVÈRE.
J'ai à te parler de quelque chose d'im-
portant.

ANDRÉ.

De mon côté, Monsieur, j'ai aussi quelque chose à vous dire.

M. SILVÈRE.

Sais-tu bien, mon cher André, que les hommes étant tous faibles, c'est une grande nécessité pour eux de se pardonner mutuellement leurs offenses?

ANDRÉ.

Je venais précisément, Monsieur, vous faire part d'une réflexion toute semblable, et je suis ravi de vous trouver dans des sentimens si favorables à mes désirs.

M. SILVÈRE.

Tu reconnais donc la vérité de cette observation?

ANDRÉ.

Assurément, Monsieur. Je voulais dire de plus que nous avons tous été jeunes, et qu'après être devenus sages à force de vieillir, il nous est bienséant de ne pas perdre de vue ce que nous étions, et de nous armer de douceur et d'indulgence envers ceux qui nous suivent.

M. SILVÈRE.

Apprends, André, que je ne m'attendais guère à te trouver si raisonnable, après l'extrême sévérité que tu as fait voir à l'égard de ta fille.

ANDRÉ.

Que voulez-vous dire, Monsieur? Il n'est nullement question de ma famille.

M. SILVÈRE.

Eh ! à quel propos me tiens-tu donc ces discours? N'est-ce point que tu reconnais qu'il est temps de pardonner à Annette sa désobéissance, et de la recevoir dans ta maison?

ANDRÉ.

Moi, Monsieur ! c'est une ingrate dont

13.

je ne me souviens plus. Je parlais de votre néveu, que j'ai rencontré à la porte, tout tremblant, et qui s'est jeté à mes genoux, pour me conjurer de venir vous porter ses excuses.

M. SILVÈRE.

Comment! ce fripon-là ose approcher de l'hôtel? Je le trouve bien audacieux, et, de ton côté, tu as bien peu de sagesse de prétendre que je lui pardonne. Ne sais-tu pas que c'est un mauvais sujet, un joueur, un ingrat, et qu'il corrompait à prix d'argent Thomas ton apprenti, pour qu'il l'aidât à nous tromper l'un et l'autre?

ANDRÉ.

Je sais tout cela, Monsieur, il m'a confessé ingénument toutes ses fautes; il m'a dit aussi qu'il avait pris sincèrement hier au soir la résolution de se corriger, et

qu'il l'aurait mise à exécution, si deux de
ses amis n'étaient venus l'entraîner malgré
lui à une partie de vingt-et-un, mais que
certainement cette faiblesse serait la dernière.

M. SILVÈRE.

Cette excuse est fort bonne, mais je n'y
ajoute aucune confiance. Il n'avoue d'ailleurs ses sottises que parce qu'elles sont
découvertes.

ANDRÉ.

Je vous proteste, Monsieur, qu'il en
est pénétré jusqu'au fond du cœur; vous
ne refuserez pas de lui faire grâce.

M. SILVÈRE.

Je te trouve plaisant de me parler de la
sorte, toi qui ne veux point pardonner à
ta propre fille.

ANDRÉ.

Avec tout le respect que je vous dois,

Monsieur, il me semble que vous méritez
le même reproche. N'avez-vous pas servi
de père à M. Adrien?

M. SILVÈRE.

Annette est venue fondre en larmes à
mes pieds, elle est malheureuse, elle est
punie de sa faute par sa faute même, et
la sincérité de son repentir ne peut être
révoqué en doute.

ANDRÉ.

Votre neveu, mon maître, n'a que quatorze ans; sa grande jeunesse lui a seule
fermé les yeux sur les conséquences de
sa conduite : en voulant le punir avec trop
de rigueur, vous le réduirez au désespoir.

M. SILVÈRE.

Que faisons-nous, André? Nous nous
donnons mutuellement des conseils qu'il

nous conviendrait mieux de prendre pour nous. Ouvrons tous deux nos cœurs à la clémence, pardonnons à nos enfans, et que notre bonté surpasse leurs fautes.

ANDRÉ.

Quoi! Monsieur! vous voulez que je reçoive Annette dans ma maison, après ce qu'elle m'a fait.

M. SILVÈRE.

Je veux, André, que tu suives mon exemple. Léonore, Constance, faites venir Annette.

ANDRÉ.

Venez donc aussi, monsieur Adrien.

SCÈNE XI.

M. SILVÈRE, ANDRÉ, LÉONORE, CONSTANCE, ADRIEN, ANNETTE, DENISE.

(M. Silvère fait signe à Annette d'embras-ser son père, André conduit Adrien aux genoux de son oncle.)

ADRIEN.

Mon oncle, mon cher oncle, ne me re-tirez pas vos bontés!

ANNETTE.

Mon père, accordez-moi votre bénédic-tion!

ANDRÉ.

Annette, puisque Monsieur m'assure que tu as du regret de m'avoir offensé, je te pardonne de tout mon cœur.

M. SILVÈRE.

Adrien, je veux bien oublier ton incon-

duite passée, mais ne te fie pas à cette indulgence, elle n'est fondée que sur l'espoir
qu'on me donne de te voir te corriger,
car si tu persistais dans le vice, je repren-
drais aussitôt ma première rigueur, et aucune prière ne serait capable de m'atten-
drir.

ADRIEN.

Je n'oublierai jamais, mon oncle, la leçon que j'ai reçue aujourd'hui. Je me
tiendrai sur mes gardes contre ma faiblesse, je m'affermirai dans la vertu en me
rapprochant de vous.

LÉONORE.

Ah! mon frère! que tu m'as causé de
chagrin !

CONSTANCE.

Et à moi donc! A présent que mon père
s'est apaisé contre lui, il me semble que

je ne pourrai jamais lui pardonner les tourmens qu'il nous a fait éprouver.

ADRIEN.

Moi, j'espère que vous serez plus généreuse que vous ne pensez. J'ai bien des torts, mais du moins je n'ai pas celui d'avoir voulu vous tromper; c'est de bonne foi que je vous parlais hier au soir, je n'ai à me reprocher que ma faiblesse.

ANDRÉ.

Quant à ce petit coquin de Thomas....

SCÈNE XII.

LES PRÉCÉDENS, THOMAS.

THOMAS.

Me voici, mon maître.

ANDRÉ.

C'est donc vous, apprenti fripon, qui

·vous mêlez de seconder les désordres des enfans de famille ?

THOMAS.

Eh ! non , mon maître, je ne fais que leur ouvrir la porte. Fallait-il le laisser dans la rue ?

ANDRÉ.

Pourquoi ne m'as-tu jamais nommé M. Adrien, lorsque je m'informais de ceux qui rentraient à l'hôtel ?

DENISE.

Il n'avait garde, on le payait trop bien pour se taire.

ADRIEN.

D'où le savez-vous , Denise ?·

DENISE.

Vraiment , Monsieur, je m'en suis fort bien aperçue. Thomas d'ailleurs n'est pas un garçon fort discret; il était si fier de posséder quelques pièces, qu'il les faisait sonner dans sa poche vingt fois par jour.

THOMAS, *à Adrien.*

Elle était toujours sur mes talons ; ne vous en ai-je pas averti ?

M. SILVÈRE.

Tu fais là, petit vaurien, un très-honorable métier.

ANDRÉ.

Un métier tout propre à le faire renvoyer chez son père, où on le corrigera d'importance.

THOMAS, *pleurant.*

Je me suis bien douté que tout retomberait sur moi. Quand j'ai su tout le monde rassemblé ici, je suis venu écouter tout doucement ; j'ai entendu qu'on s'embrassait, qu'on se pardonnait ; j'ai espéré que j'en attraperais ma part ; je me suis

présenté, et voilà qu'on parle de me renvoyer chez mon père. Suis-je donc un
plus grand pécheur que les autres ?

ADRIEN.

Si je n'étais pas moi-même si coupable,
j'intercèderais pour lui, car ses torts ne
sont que mon ouvrage.

M. SILVÈRE.

Je crois, André, que nous ferons bien
de lui pardonner aussi pour cette fois.

ANDRÉ.

J'y consens, Monsieur, puisque vous le
souhaitez; mais si jamais il y retourne.....

M. SILVÈRE.

Oh! alors, plus de pardon. Les enfans
qui abusent de l'indulgence qu'on a pour
eux sont des caractères pervers, dont il
est inutile de rien espérer. Ce n'est pas
que la jeunesse, naturellement légère, ne

soit sujette à retomber dans les mêmes fautes ; mais il y en a dont la récidive est inexcusable, et celles que nous pardonnons aujourd'hui sont de ce nombre.

———

LES VENDANGES,

COMÉDIE EN UN ACTE.

14.

PERSONNAGES.

MADAME HORTENSE.

SOPHIE, sa fille.

ESTELLE, }
DÉSIRÉE, } amies de Sophie.

ANTOINE, frère de Désirée.

BABET, gouvernante de Sophie.

La scène est à quelques lieues de Paris.

Je gage mademoiselle Sophie que maintenant ces
fleurs ne vous feront point de mal à la tête .

LE THÉATRE
DE L'ENFANCE.

LES VENDANGES.

SCÈNE PREMIÈRE.

Le théâtre représente un paysage gracieux dans le voisinage de la maison de campagne de madame Hortense; de grands arbres ombragent le devant de la scène; des vignes, remplies de vendangeurs, se découvrent dans le fond.

SOPHIE, *seule.*

La journée est déjà à moitié écoulée, et mes amies n'arrivent point. A quoi songent-elles donc? qui peut les retenir? le temps est le plus beau du monde; on ne

voit pas souvent de vendanges aussi ma-
gnifiques que celles-ci. Elles regretteront
assurément de n'être pas venues, quand je
leur peindrai les scènes joyeuses qui se
passent sous mes yeux. Les vignes sont
remplies d'une foule de personnes qui
rient, qui chantent, qui folâtrent... Mais,
à présent que j'y pense, d'où peut venir à
ces ouvriers une si vive allégresse? de
quoi se réjouissent-ils? les raisins qu'ils
recueillent ne leur appartiennent pas, ils
travaillent pour ma mère; ils sont cour-
bés depuis ce matin sous un soleil plus
ardent qu'il ne devrait l'être en automne;
les uns portent péniblement les raisins
dans la cuve, les autres les foulent aux
pieds d'une manière dégoûtante, et tous
néanmoins paraissent contens!

SCÈNE II.

SOPHIE, MADAME HORTENSE.

SOPHIE, *courant l'embrasser.*

Où allez-vous donc ainsi, ma chère maman ?

MADAME HORTENSE.

Je viens de jeter un coup d'œil sur les ouvriers que nous avons dans la vigne, ma fille, pour voir s'ils s'acquittent bien de leur travail. Quoique je les fasse surveiller par mes gens, je ne laisse pas de me montrer de temps à autre, afin de tenir chacun en haleine.

SOPHIE.

On les voit fort bien de dessous ces arbres. Prenez garde que le soleil ne vous fasse mal.

MADAME HORTENSE.

Il ne suffit pas que je les voie, Sophie,

il faut encore qu'ils s'en aperçoivent. Les maîtres vigilans font les domestiques soigneux. Regarderai-je à braver pour quelques minutes les rayons du soleil, lorsque mon intérêt l'exige, tandis que ces misérables ouvriers succombent sous l'excès de la chaleur ?

SOPHIE.

Ah ! maman ! vous, êtes trop bonne de les plaindre. N'entendez-vous pas comme ils rient, comme ils chantent ? Ces gens-là ne souffrent point, assurément.

MADAME HORTENSE.

Tu n'as donc pas vu la sueur qui leur couvre le visage, et les efforts pénibles de ceux qui se chargent du raisin vendangé ?

SOPHIE.

Tout, j'en conviens, semble attester leur fatigue, et mon premier mouvement a été de les prendre en compassion ; mais leur

gaîté m'a fait changer à cet égard, car il
ne me paraît guère possible d'être gai
quand on souffre.

MADAME HORTENSE.

Je crois bien, ma fille, qu'ils souffrent
beaucoup moins que nous ne ferions l'une
et l'autre à leur place, à cause de l'habitude qui les a endurcis ; cependant leur
corps doit être plus ou moins sensible à
l'intempérie des saisons, et il l'est en effet.

SOPHIE.

Comment trouvent-ils le courage de
chanter ?

MADAME HORTENSE.

Ne sais-tu pas que le travail est le père
du plaisir ? Celui de la campagne y dispose
encore plus naturellement que tout autre,
surtout lorsqu'il exige le concours de plusieurs personnes. L'ouvrage d'aujourd'hui
est peu de chose en comparaison de beau-

coup d'autres occupations auxquelles on se livre dans le cours de l'année. Il y a d'ailleurs du plaisir à recueillir les fruits de la terre, qu'on a pris tant de peine à cultiver.

SOPHIE.

J'ai donc raison de vous trouver trop bonne de plaindre vos ouvriers.

MADAME HORTENSE.

Il ne faut pas, non plus, que cela nous rende durs à leur égard ; car, de ce qu'ils supportent gaîment et patiemment leurs maux, il ne s'ensuit pas qu'on ne doive pas chercher à les en soulager, lorsque cela est possible. La reconnaissance avec laquelle ils reçoivent nos bienfaits prouve assez qu'ils en sentent le prix. Je suis sûre, par exemple, qu'ils se rafraîchissent délicieusement avec du vin que je leur ai fait distribuer.

SOPHIE.

Ah! que vous avez bien fait, maman!
Peut-être ce secours leur donnera-t-il le
courage de danser ce soir, malgré la fatigue du jour.

MADAME HORTENSE.

Il n'est point de fatigue que le son du
violon ne leur fasse bientôt oublier, et tu
n'avais rien à craindre pour le bal.

SOPHIE.

Je n'ai donc plus à souhaiter que l'arrivée de mes amies, car nous nous faisons
une grande fête de ce bal champêtre. Estelle n'a jamais vu danser les habitans de
la campagne.

MADAME HORTENSE.

Elle aurait tort de compter sur un plaisir bien vif. Elle ne rencontrera ici ni
grâces, ni légèreté, on ne se pique que de
sauter gaîment en mesure.

SOPHIE.

Oh! je ne doute pas qu'on n'y trouve des tournures bien gauches, bien ridicules, et qui nous feront bien rire.

MADAME HORTENSE.

Je ne vois pas trop pourquoi de pauvres paysans sans prétentions seraient capables de vous faire rire? Auriez-vous dessein de vous en moquer? ce serait un fort mauvais amusement. Il ne convient de mortifier personne.

SOPHIE.

Soyez tranquille, maman, ils ne s'apercevront pas de nos critiques, nous ne cherchons qu'à nous divertir innocemment.

MADAME HORTENSE.

Il est bien malaisé de s'amuser innocemment aux dépens des autres, et plus encore d'empêcher qu'ils ne s'en aperçoivent. Je vous invite donc à donner un autre cours à vos plaisirs; les caractères moqueurs se font détester de tout le monde.

SOPHIE.

Estelle me paraît cependant fort aimable, malgré qu'elle soit un peu moqueuse. On ne peut pas railler plus joliment qu'elle ne fait.

MADAME HORTENSE.

Tu donnes là, Sophie, une fort mauvaise opinion de cette demoiselle, et je voudrais que tu ne te liasses pas trop avec elle, car ce ne peut être pour toi qu'une société dangereuse.

SOPHIE.

Maman, je vous assure qu'elle a d'excellentes qualités.

MADAME HORTENSE.

Ne t'est-il jamais venu dans l'esprit, en l'écoutant se railler des autres et leur

prêter des ridicules, qu'en ton absence,
elle ne t'épargne pas davantage?

SOPHIE.

Impossible, maman, nous sommes trop
intimes pour cela.

MADAME HORTENSE.

Les moqueurs, mon enfant, n'ont point
d'amis : ils sacrifient tout au plaisir de
faire sourire ceux qui les écoutent.

SCÈNE III.

MADAME HORTENSE, SOPHIE,
BABET.

BABET.

Madame, voilà de la compagnie qui
nous arrive.

MADAME HORTENSE.

Connaissez-vous ceux qui la composent,
Babet?

BABET.

Il y a mademoiselle Désirée avec sa mère
et son frère.

SOPHIE.

J'aimerais beaucoup mieux que ce fût
Estelle.

BABET.

Qui? cette petite demoiselle dont le sourire est si moqueur? Elle arrive aussi,
Mademoiselle; sa tante l'accompagne : ces
dames se sont rencontrées au bout de l'a-
venue.

MADAME HORTENSE.

Allons les recevoir, ma fille....

SCÈNE IV.

BABET, *seule.*

J'aimerais beaucoup mieux que ce fût,
Estelle! Pourquoi cette injuste préférence?
Peut-on être plus douce, plus polie, plus
remplie de mérite que mademoiselle Dési-

15.

rée ? Il est vrai qu'elle est simple, timide,
que le séjour de la campagne l'empêche de
suivre les modes, et qu'elle n'a point l'air
sémillant et décidé de mademoiselle Estelle ; mais j'aurais plus de confiance dans la
bonté de son caractère. C'est une grande
folie, au reste, d'avoir du monde un jour
comme celui-ci. Madame ne sait rien refuser à sa fille. Il en résultera que toute la
surveillance va tomber sur moi ; il faudra
prendre garde à tout, et me tuer de peine,
pendant que la compagnie s'entretiendra
tranquillement dans le salon. Mademoiselle Babet par-ci, mademoiselle Babet
par-là, on ne sait auquel entendre. Je
commence cependant à être vieille, le repos me serait nécessaire ; mais, hélas ! c'est
bien pour nous, pauvres suivantes, qu'il
est fait ! nous n'avons pas même le temps
d'être malades.

SCÈNE V.

BABET, SOPHIE, ESTELLE (*sans voir Babet*).

ESTELLE, *en riant*.

Une minute de plus, ma chère, et j'éclatais.

SOPHIE.

Ne ris donc pas si haut, on pourrait nous entendre.

ESTELLE.

Impossible, nous sommes trop loin. Quelle contenance ! quel maintien ! quelle étrange toilette ! Où as-tu déterré cette petite ridicule ?

BABET, *à part*.

Je vois qu'il est question de mademoiselle Désirée.

SOPHIE.

C'est une voisine. La maison de sa mère est quasi au bout du parc.

ESTELLE.

Et tu la nommes...

SOPHIE.

Désirée.

ESTELLE.

Elle ne la sera jamais pour moi, je te
le proteste. Quel agrément peux-tu trouver avec elle? cela est si gauche qu'on
ne peut pas même avoir le plaisir de s'en
moquer, elle n'y comprendrait rien. Veux-
tu la voir? tiens, regarde-moi. (*Elle fait
quelques pas d'une manière ridicule.*)

SOPHIE.

Tu forces un peu le tableau, elle a l'air
plus embarrassée qu'affectée.

ESTELLE, *contrefaisant Désirée.*

Mademoiselle, voulez-vous me permettre de vous embrasser?—Je ne veux point
m'asseoir à votre place. Je ne passerai pas
la première. Je suis bien sur ce tabouret.

— Notre innocente s'y place de travers, le corps penché, la tête basse, ne sachant que faire de ses pieds et de ses mains, et son nigaud de frère se tient debout derrière elle, son chapeau à la main.

SOPHIE.

Bon! tu n'as pas vu qu'il cache dans son chapeau un gros bouquet, qu'il a cueilli, j'imagine en mon honneur, et qu'il ne sait comment m'offrir en ta présence?

ESTELLE.

Quel air galant il doit avoir dans ses politesses, et que je prendrais plaisir à le voir te faire sa révérence, le pied en arrière et le cou en avant, comme une grue qui vole! (*Elles rient toutes deux aux éclats.*)

BABET, *s'avançant.*

Voilà qui est fort mal, mademoiselle

Sophie, de se moquer de ses connaissances.

SOPHIE.

Ah ! ma bonne, vous étiez là ?

ESTELLE.

A qui en veut cette vieille caricature ?

BABET, *à part.*

Vieille caricature ! L'insolente petite fille ! (*Haut.*) Ce n'est pas à vous que je m'adresse, Mademoiselle, c'est à mademoiselle Sophie, que sa mère n'entendrait pas avec plaisir se moquer comme elle fait de deux enfans qui ne lui font que des politesses.

SOPHIE.

Ce que je dis d'eux, ma bonne, ne leur porte aucun préjudice, ils l'ignoreront toujours.

BABET.

Il est bien difficile, Mademoiselle, de

ne point laisser apercevoir aux gens le peu d'estime qu'on en fait; et quand vous seriez capable de vous contraindre, vos moqueries n'en sont pas moins injustes.

ESTELLE.

Elle devrait peut-être trouver des grâces à mademoiselle Désirée ?

BABET.

Je ne sais pas si elle manque de grâces, Mademoiselle, mais je sais qu'elle est remplie des plus heureuses qualités, et que tout le monde l'adore en ce pays, où elle fait beaucoup de bien. C'est un mérite que toutes les moqueuses du monde ne lui ôteront pas.

ESTELLE.

Comment donc! mais vous parlez d'or, mademoiselle Babet! continuez, je vous en prie, votre personne me divertit singulièrement. Quel feu dans ces petits yeux

éraillés! Comme ce nez et ce menton paraissent amoureux l'un de l'autre! Je raf-
folle de ce petit bonnet à ailes de papillon,
il se marie à ravir avec tous les traits de
votre visage. Savez-vous, mademoiselle
Babet, que vous êtes encore fort jolie?

BABET.

C'est de quoi je ne me suis jamais sou-
ciée, Mademoiselle. Quoique pauvre et
ignorante, j'ai cependant appris à préfé-
rer les qualités du cœur aux agrémens de
la figure, et surtout à ne point m'écarter
du respect qu'on doit à la vieillesse. (*Elle
sort.*)

SCÈNE VI.

SOPHIE, ESTELLE.

SOPHIE.

Elle s'en va mécontente, je crains
qu'elle n'aille se plaindre à maman.

ESTELLE.

De quoi s'avise-t-elle aussi de nous écouter et de te faire la morale? Nos domestiques sont-ils donc nos précepteurs?

SOPHIE.

Babet m'a élevée, c'est une très-honnête fille, tu devais la ménager davantage.

ESTELLE.

Le ton qu'elle a pris m'a révoltée, je n'ai pas été la maîtresse de mes sentimens. Mais à propos, mademoiselle Désirée est fort de ses amies, à ce qu'il me paraît?

SOPHIE.

Eh! mon Dieu, je ne sais trop à quoi cela tient, mais je dois convenir que Babet n'est pas la seule qui en parle dans les termes que nous venons d'entendre. Tu as dû remarquer que maman elle-même lui a fait de grandes politesses.

ESTELLE.

Cela m'étonne d'autant plus que madame Hortense sait apprécier les belles manières. Il ne manquerait rien aux siennes, si elle ne poussait la civilité jusqu'à l'excès. Elle se tourmente pour bien recevoir sa compagnie, et fait plus de révérences en un jour que les autres dans une semaine.

SOPHIE.

Oublies-tu, Estelle, que tu me parles de ma mère ?

ESTELLE.

Il ne faut pas que cela te scandalise, je ne laisse pas quelquefois de m'amuser des ridicules de ma tante, quoique je la respecte infiniment.

SOPHIE.

Ce respect-là est assez difficile à comprendre.

ESTELLE.

Pourvu que ce ne soit pas en sa présence.....

SOPHIE.

Non, Estelle, cela n'est point compatible avec les sentimens que tu lui dois, et j'aime mieux supposer que tes paroles en ce moment ne sont que l'effet d'un pur badinage..

ESTELLE.

Tu le prends avec une chaleur..... Voici la belle Désirée et son frère; pour ceux-là, tu ne trouveras pas mauvais que je m'en divertisse.

SOPHIE.

Au contraire, je t'aiderai du mieux qu'il me sera possible.

SCÈNE VII.

SOPHIE, ESTELLE, DÉSIRÉE, ANTOINE.

SOPHIE, *à Désirée.*

Nous allions vous chercher, ma chère; il fait meilleur ici que dans le salon : on a le coup d'œil des vendanges, et l'on est au frais.

DÉSIRÉE, *d'un air timide.*

Il est vrai que ces grands arbres y répandent une ombre admirable.

ANTOINE.

Le gazon est tout parsemé de marguerites comme au printemps. Il me semble, mademoiselle Sophie, que vous aimez beaucoup les fleurs.

ESTELLE, *bas, à Sophie.*

Voici le bouquet qui va paraître.

SOPHIE, *de même.*

Laisse-moi faire, tu vas le voir tomber des nues. (*Haut.*) Qui vous a dit, monsieur Antoine, que j'aimais les fleurs ? La vérité est que je ne puis les souffrir, et que la seule vue d'un bouquet me fait mal à la tête.

ANTOINE, *à part.*

Me voilà bien embarrassé du mien.

DÉSIRÉE.

Votre jardinier est cependant venu plusieurs fois nous demander des graines et des ognons de fleurs pour votre parterre.

ANTOINE.

Il disait que vous lui recommandiez expressément d'en avoir soin, et que mademoiselle Babet ne manquait jamais de vous envoyer des fleurs à Paris, chaque fois que l'occasion s'en présentait.

16.

SOPHIE.

Il faut que mon goût ait changé depuis
ce temps-là.

ESTELLE.

Oh! mon Dieu, ma chère; pourquoi ne
pas dire la vérité? Tu n'aimes plus les
fleurs depuis qu'un écolier sot et gauche
s'avisa de vouloir te faire l'hommage d'un
bouquet. Sa mauvaise grâce n'était propre
en effet qu'à gâter le plus joli présent du
monde.

ANTOINE, *à part.*

N'est-ce point à moi que ceci s'adresse?

DÉSIRÉE.

Il n'est pas donné à tout le monde
d'avoir bonne grâce; mais ne devrait-on
pas excuser ceux chez qui elle manque, en
faveur de leur intention?

ESTELLE.

L'intention peut être louable, mais on

ne la voit point; il n'y a que les manières
qui paraissent.

SOPHIE.

Sans doute; et lorsqu'elles sont ridicules, le meilleur naturel ne peut les préser-
ver de la moquerie.

ANTOINE.

Est-ce que vous pensez, Mademoiselle,
qu'on peut avoir bonne grâce à se moquer
de quelqu'un ?

ESTELLE.

Fi donc! c'est la plus vilaine chose du
monde; je l'ai en horreur.

DÉSIRÉE, *à part.*

Elle pourrait bien s'en défendre avec
plus de chaleur que de sincérité.

SOPHIE.

Laissons là les moqueries, et songeons
à nous divertir. Il y a encore trop de so-

leil pour se promener dans les vigues;
jouons ici à quelque jeu.

ESTELLE.

Nous sommes trop peu de monde pour
en entreprendre aucun.

SOPHIE.

Je ne sais pourquoi Fanny n'est point
venue.

ESTELLE.

Nous aurions là vraiment une belle ressource! Elle est d'une indolence insuppor-
table. A la ville, elle ne sait point bouger
d'un fauteuil; elle se jette, à la campagne,
sur tous les gazons qu'elle rencontre. Lui
propose-t-on de courir? « Ah! ne m'en
parlez pas; j'ai mal à la tête; j'ai des
cors aux pieds; je prends le petit-lait. »
C'est une personne des plus insignifiantes
que je connaisse.

SOPHIE, *en souriant.*

Tu ne l'arranges pas trop mal pour une parente.

ESTELLE.

Notre parenté ne lui ôte pas ses ridicules.

DÉSIRÉE, *à part.*

Voilà une méchante petite demoiselle.

SOPHIE.

Mais si Fanny était venue, son frère Alexandre l'aurait sans doute accompagnée; et tu conviendras que celui-là fait tous ses efforts pour amuser la société dans laquelle il se trouve.

ANTOINE.

Oh! cela est vrai, car je le connais un peu, moi. C'est un fort aimable garçon.

ESTELLE.

Malheureusement il se jette dans l'excès contraire de sa sœur, et se fait moquer

de lui par un air trop empressé. Sa vivacité est tellement ridicule que nous l'avons
surnommé l'*écureuil.*

SOPHIE, *riant.*

Ah! ah! ah! l'*écureuil!* le surnom est
plaisant! Je gage qu'il est de ton invention, Estelle?

ESTELLE.

En vérité, ma chère, je ne sais trop.....

SOPHIE.

Oui, oui, je te reconnais là, tu es im-
payable pour trouver à chacun l'épithète
qui lui convient.

DÉSIRÉE.

Il me paraît qu'il est bien difficile de se
conduire dans le monde d'une manière
convenable, et d'éviter d'y être tourné en
ridicule. Je m'applaudis, en vous écoutant,
de ne le point connaître par moi-même.

ESTELLE.

Vous êtes trop modeste, Mademoiselle; vous avez au contraire tout ce qu'il faut pour y réussir.

DÉSIRÉE.

Moi! je sais me rendre justice à cet égard.

ESTELLE.

Point du tout, et j'espère vous en convaincre cet hiver, si vous voulez me venir voir à Paris. Je donnerai un bal exprès pour vous, afin de mettre vos grâces en évidence; je ne doute pas que cet air simple et naïf ne produise un effet merveilleux, et que toutes nos demoiselles n'en soient malades de dépit.

ANTOINE, *bas, à Désirée.*

Je crois, ma sœur, qu'elle se moque de toi.

DÉSIRÉE, *de même*.

Je le vois bien, mon frère, et je songe à lui répondre.

SOPHIE, *bas, à Estelle*.

N'invites-tu pas aussi M. Antoine? il n'a pas moins de mérite que sa sœur.

ESTELLE.

Je n'ai garde, je t'assure, de l'oublier; sans lui la fête ne serait pas complète.

DÉSIRÉE, *à part*.

Ne nous laissons pas humilier ainsi impunément; le dépit que j'en ressens me donne le courage de vaincre ma timidité naturelle. Servons-nous des mêmes armes. (*Haut.*) Je vous avoue, Mesdemoiselles, que je me trouve un peu étourdie de l'excès de votre politesse, mais cela ne m'empêche pas de la sentir comme je le dois, et de vous en savoir tout le gré qu'elle mérite.

ANTOINE.

Je n'ai pas moins d'envie que ma sœur de vous tenir compte de vos louables intentions à notre égard.

SOPHIE, *bas, à Estelle.*

Ne trouves-tu pas leurs paroles un peu équivoques ?

ESTELLE, *de même.*

Non, non, ils donnent dans le panneau en véritables dupes. Il n'y a point de plaisir à se moquer de gens si épais.

DÉSIRÉE.

Quoique je ne sois guère bien instruite des usages du monde, je sais pourtant de quelle façon on doit répondre à une invitation, et comment la politesse s'entretient par une agréable réciprocité. Je vous serai donc fort obligée, Mesdemoiselles, de venir passer la journée de demain chez ma mère.

ESTELLE, *bas, à Sophie.*

Je te disais bien qu'elle prenait nos paroles à la lettre. (*Haut.*) Pour le coup, mademoiselle Désirée, ne venez plus nous dire que vous ne connaissez pas le monde, vous avez une politesse exquise, qui laisse bien loin derrière elle tout ce que je me rappelle de plus civilisé.

SOPHIE.

Une Parisienne aurait attendu plusieurs semaines pour s'acquitter de ses devoirs, mais l'empressement que vous y mettez est un raffinement tout particulier. Vous rendez une invitation comme les autres rendent une révérence.

ANTOINE, *à part.*

Peut-on pousser plus loin l'impertinence !

DÉSIRÉE.

Je ne vous promets point de vous don-

ner le bal, ni de vous faire briller aux
dépens de ma petite société : ce serait un
triomphe trop facile pour vous ; mais aussi
personne ne cherchera à vous humilier par
des railleries et par des éloges moqueurs.
Le plaisir que je tâcherai de vous procu-
rer ne blessera l'amour propre de personne.

SOPHIE, *bas, à Estelle.*

Hé bien ! que te disais-je ?

ESTELLE, *de même.*

Où la malice va-t-elle se cacher !(*Haut.*)
Je vous assure, Mademoiselle, que je n'ai
aucune inquiétude à cet égard.

DÉSIRÉE.

Malgré la bonne volonté qu'on éprouve,
on ne peut pas toujours répondre des autres, et il pourrait se rencontrer parmi
mes connaissances quelque railleuse disposée à se moquer de vos manières, qui

ne ressemblent pas tout-à-fait aux nôtres; mais comptez que, bien loin d'approuver et d'encourager ce coupable amusement, je ne manquerai pas de lui rappeler que des personnes qui viennent dans notre maison avec confiance ont droit de s'y attendre à un accueil bienveillant, et que les tromper dans cet espoir, c'est manquer à la sensibilité encore plus qu'à la politesse.

ANTOINE, *bas, à Désirée.*

A merveille, ma sœur, les voilà confondues toutes les deux.

SOPHIE, *à part.*

Je ne sais où j'en suis, la rougeur me couvre le visage... Ah! qu'elle se venge bien de ma sottise! Eloignons-nous quelques instans, pour avoir le temps de me remettre de mon trouble, et observons un peu comment Estelle se tirera de ce mau-

vais pas. (*Haut.*) Excusez – moi, Mesdemoiselles, je suis à vous dans un quart
d'heure. (*Elle sort, et va se cacher derrière des arbres.*)

SCÈNE VIII.

ESTELLE, DÉSIRÉE, ANTOINE.

ESTELLE.

Sophie, Sophie, où vas-tu donc? Bon!
elle est déjà loin. (*A part.*) Peut-elle me
jouer un si mauvais tour et m'abandonner
dans l'embarras où je suis? Je ne sais
plus que dire.

DÉSIRÉE, *bas, à Antoine.*

Je pense que je les ai assez bien payées
de leurs impertinences.

ANTOINE, *de même.*

Elles ne méritaient pas moins de notre
part, et ceci pourra leur servir de leçon.

17.

ESTELLE.

Ne trouvez-vous pas que pour une personne qui se pique de savoir vivre, Sophie est assez malhonnête de nous avoir plantés là si brusquement?

DÉSIRÉE.

Elle s'est peut-être rappelé quelque ordre de sa mère ; mais quand elle serait sortie sans motif, nous ne sommes point assez exigeans pour lui en faire un crime.

ANTOINE.

Il vaut beaucoup mieux manquer à tenir à ses amis une compagnie exacte, que de les tourner en ridicule, comme mademoiselle Sophie vient de le faire.

SOPHIE, *cachée dans le fond.*

Me voilà sur le tapis. Antoine n'est pas si discret que sa sœur, voyons comment la conversation se tournera.

ESTELLE, *à Antoine.*

Vous croyez que Sophie s'est moquée
de vous ?

ANTO:NE.

Nous nous en sommes aperçus tout
de suite, et pour dire toute la vérité, vous
ne la secondiez pas mal.

ESTELLE.

Il est inutile de feindre, j'aime mieux en
convenir avec vous ; mais n'allez pas croire
pour cela que je sois naturellement moqueuse ; au contraire, c'est un défaut que
je déteste. Je m'y laisse entraîner, et voilà
tout. C'est Sophie qui me gâte ; je ne vous
ai désobligés que pour lui plaire : sa plus
grande satisfaction est de se divertir aux
dépens des autres ; je le lui ai reproché
cent fois.

ANTOINE.

Il faut avouer que votre complaisance

a un air si naturel qu'on la prendrait pour
une inclination.

ESTELLE.

C'est une erreur, je me fais violence, au
contraire. Il est vrai que Sophie se raille
si maladroitement du prochain, qu'il n'est
pas difficile d'avoir sur elle de l'avantage :
son esprit est lourd et paresseux, ses ba-
dinages blessent les gens, au lieu de les
chatouiller.

DÉSIRÉE.

Bien loin que votre amitié vous aveugle en sa faveur, il me semble que vous la
jugez plus sévèrement qu'elle ne mérite.

ESTELLE.

Et vous, vous êtes bien généreuse de
la défendre, après le dessein qu'elle avait
formé de vous mortifier ce soir de toutes
les manières.

DÉSIRÉE.

Elle doit être satisfaite de ce commencement et nous faire grâce du reste ; mais j'ai peine à concevoir pourquoi vous l'accusez auprès de nous, vous qui avez été la première à vous moquer de moi, en m'accablant de faux éloges.

ANTOINE.

Ma sœur a raison ; mademoiselle Sophie avait plutôt l'air de vous suivre que de vous conduire.

DÉSIRÉE.

Tenez, mademoiselle, je n'y entends pas finesse, mais je ne saurais prendre bonne opinion d'une personne qui profite de l'absence de son amie pour se justifier à ses dépens. J'ajouterai que ce n'est pas la première fois que nous venons dans cette maison, et que ce n'est que d'aujourd'hui qu'on nous y a traités d'une manière si mortifiante.

ANTOINE.

Il est vrai que nous n'avions point encore eu l'honneur de vous y rencontrer.

SOPHIE, *s'avançant.*

Je vous remercie, mes chers amis, de la bonté que vous avez de me défendre, malgré que je le mérite si peu. Vous devez d'autant plus aisément me pardonner mon inconséquence, qu'elle vous a fourni l'occasion de nous prouver combien la raison et la justice sont au-dessus de l'esprit des méchans. Pour vous, mademoiselle Estelle, je sais à présent le compte que je dois faire de votre amitié; j'ai entendu toute votre conversation.

ESTELLE.

C'est l'embarras où vous m'avez laissée

qui en est la cause : il fallait bien m'excuser de quelque manière.

SOPHIE.

Un esprit aussi vif et aussi fertile que
le vôtre aurait bien dû trouver un expé-
dient plus honnête.

DÉSIRÉE.

J'admire comment les choses se sont
tournées ! Vous vouliez nous confondre,
et c'est nous, simples et ignorans campa-
gnards, qui avons eu l'avantage dans cette
circonstance, sans en avoir formé le pro-
jet.

ANTOINE.

Ce n'est pas la première fois que de
mauvais railleurs se sont pris dans leurs
propres piéges.

ESTELLE.

Je ne m'obstinerai point à la défense
d'une mauvaise cause. Je ne puis me dis-

simuler mes torts, mais je vous demande
de les oublier. Je renonce pour toujours à
me moquer des autres, c'est-à-dire à exer-
cer mon esprit aux dépens de mon cœur.

SOPHIE.

Moi, je ne vous pardonne point; vous
m'avez trop maltraitée.

DÉSIRÉE.

Vous n'en aurez que plus de mérite à
vous montrer généreuse, Sophie; nous
avons tous à nous plaindre les uns des
autres. Mettons en bloc tous ces griefs, et
promettons-nous une bonne et franche
amitié.

SOPHIE.

Vous êtes sage et aimable tout à la fois,
ma chère Désirée; je ne saurais mieux faire
que de suivre vos conseils.

ANTOINE, *allant chercher son bouquet au*
pied d'un arbre.

Je gage, mademoiselle Sophie, que, dans
la disposition où vous êtes maintenant,
ces fleurs ne vous feront point de mal à la
tête?

SOPHIE.

N'augmentez pas ma confusion par le
souvenir de mes impertinences. Je ne veux
me les rappeler désormais que pour n'y
jamais retomber.

ESTELLE.

Me pardonnes-tu sincèrement, Sophie?

SOPHIE.

Oui, à condition que tu tiennes aussi à
ta promesse de ne plus t'amuser aux dépens de personne.

ESTELLE.

J'en ai la meilleure intention du monde;
si l'habitude m'y faisait manquer malgré

III.   18

moi, sois assez mon amie pour m'en avertir.

ANTOINE.

Les vendangeurs ont fini leur travail,
je les vois qui retournent au château au
son de leurs musettes, allons les joindre
et danser avec eux.

SOPHIE, ESTELLE *et* DÉSIRÉE.

Allons, allons, allons.

(*Ils sortent tous quatre en courant.*)

FIN DU TROISIÈME VOLUME.

PIÈCES

CONTENUES DANS LE TROISIÈME VOLUME.

---

www.ingramcontent.com/pod-product-compliance
Lightning Source LLC
Chambersburg PA
CBHW071939090426
42740CB00011B/1751